決算書はここだけ読め!

前川修満

講談社現代新書
2036

はしがき

決算書はむずかしい書類なのか?

本書は、決算書の読み方を読者の皆さんにわかりやすく伝えるために書かれた本です。ちなみに、筆者は、公認会計士・税理士の仕事に従事しております。そのかたわら、たくさんのビジネスマンを相手に決算書データの活用法に関するセミナーの講師を務めてきました。

これまで、筆者が講師を務めてきたセミナーを受講したビジネスマンの多くは、金融機関に勤務していたり、経営者であったり、管理職であったり、営業マンや技術者や一般事務職の人たちで、いずれも経理や財務以外の業務に従事している人たちでした。

彼らは、いまどき決算書ぐらい読めなくては、自立したビジネスマンとはいえないという問題意識のもとに、決算書のしくみと読み方を学ぼうとしている人たちでした。要するに、受講者たちは、おおむね向上心があって優秀な方々です。

それでも、彼らは、「決算書はほんとうにわかりづらい」、「財務諸表のセミナーを受講したが、頭が痛くなった」という悩みを筆者に打ち明けてきました。最近は、「日本の会計基準もわかりづらい。まして国際財務報告基準（IFRS）は、もっとわかりづらい。どうしたらいいのでしょう」といわれることもあります。

筆者は、長年にわたって、そのような悩みをたくさん聞いてきたので、最近は、決算書データの活用法のセミナーの講義をするときには、真っ先に、ホワイトボードに、

「決算書は、わからなくたっていい！」

と大きく書き、講義を始めるようになりました。

これを見て、受講者の大半は、あぜんとした表情で筆者のほうを見ます。せっかく決算書について勉強しようと思って受講したのに、いきなり「わからなくたっていい！」と大書されたことで、オヤっと思うのです。

こうして、受講者の関心をひきつけておき、筆者は、次のように話します。

「決算書を作るのに必要な知識と、決算書を読むのに必要な知識は異なります。皆さんのなかには、これまで決算書について勉強したが、うまくいかなかったという人がいるかも

しれません。そういう人は、決算書を読むための勉強ではなく、決算書を作るための勉強をしてしまった可能性があります。

たとえば、料理を食べる人には、料理を作るための知識は要りません。当たり前です。決算書も、これと同じです。決算書を読む人には、決算書を作るための知識は要りません。会計基準だとか、ＩＦＲＳだとか、そういう知識の大半は作り手に求められる知識にすぎません。ですから、私の講義では、複式簿記の原理や会計基準などをくわしく話すつもりはありません。皆さんにとって無用の知識ですから」

この話をすると、受講者の表情が一様にリラックスしたようになります。

そのあとで、本書で述べるような手順で、企業会計の核心部分を説明します。

もう何年も前のことですが、このようなスタイルで講義をしたところ、終了後、受講者の一人が筆者に近づき、こう話しかけてきました。

「今日の講義で、目からウロコが落ちました。決算書を読むのはむずかしくないのですね」

こういう感想をはじめて聞いたとき、筆者は、

「ずいぶん大袈裟ですね。お世辞だとしても、うれしいかぎりです」

と返事をしました。

ところが、このような講義スタイルを続けていると、同じような反応が次々と寄せられるようになったのです。

教える立場の人が陥りやすいトラップ

ところで、決算書のセミナーを受けた人は、なぜそんなに頭の痛い思いをするのでしょうか。

それは、教える側にも問題があるからです。

ふつう、決算書のセミナーの講師は、公認会計士や税理士のような会計の専門家が多いのです。セミナーの主催者なども、受講者に会計や財務の知識を伝授するには、その道のプロに頼むのがいちばんと考えてしまうのです。

じつは、ここに大きな落とし穴があります。

公認会計士や税理士は、決算書を作るための専門家です。彼らは、初学者のころより、決算書を作るために必要な知識（会計学）を教わってきました。

そのため、自分が人に教える場合においても、かつて自分が会計学を教わったときと同じような教え方をしてしまう傾向があるのです。つまり、彼らは「作り手の会計学」を教えようとするのです。

ところが、一般のビジネスマンの多くは、なにもこれから経理部門に入って決算書を作ろうなどとは考えていません。みな、決算書ぐらいは読めるようになりたいという意思のもとで、「読み手の会計学」を学ぼうとしているのです。

ここに、需要と供給のミスマッチが生じます。作り手として、どれほど優秀な専門家であっても、読み手の立場で会計学を教わった経験が乏しいために、つい、作り手サイドの知識を中心とした講義をするようになるのです。

そのため、講義内容が、需要者のニーズとかけはなれ、無味乾燥になるのです。

初期のころの筆者もそうでした。セミナーの主催者に要求されて、会計の基本知識を伝授しようとしたのですが、講義中、受講者の多くは、

（早く講義を終わらせてくれ）

という雰囲気で、退屈そうに聞いていました。

そういうときは、講師である筆者までもが退屈になり、午前中に始まった講義が午後にさしかかる頃には、眠いのを我慢して講義をしたものです。講師が眠くなるほどですから、聞いているほうは、もっと眠くなります（おかげで、たくさんの人を講義中に寝かし

つけてしまいました）。

このような苦い経験のあと、筆者は、少しずつ講義内容を変更し、最終的に、作り手ではなく、読み手サイドに立った内容にしました。

その結果、冒頭で述べたように、きわめてシンプルに「決算書の読み方」の核心部分のみを説明し、受講者にわかりやすい講義スタイルをつくることができました。

決算書を読むとおもしろい

これは、公認会計士・税理士としての筆者にとっても大きな経験でした。この経験を通じて、筆者は、作り手のための会計学よりも、読み手のための会計学のほうが遥かにおもしろいことに気がつくことができたのです。

そのため、テレビなどで、どこかの会社に関連する興味深いニュースをキャッチしたとき、筆者は、インターネットで、その会社の決算書データを入手し、くわしく分析したりするようになりました。これをすると、記者会見の社長の話を聞いているよりも、ずっとおもしろいこともあるのです。

このように、セミナーの講師の経験は、「読み手の立場に立つと会計学はこんなにおもしろいのか」ということに、筆者の目を開かせてくれました。

本書は、筆者が追求した「読み手のための会計学」をわかりやすく読者諸氏に伝えるために書かれました。そのため、本書は、企業会計の枝葉末節の説明を大胆に省略し、決算書の核心部分を中心とした内容に仕上がっております。


本書では、不必要な会計の専門用語の使用を避けるとともに、新書にしてはめずらしいほどに、図表を大きく表示しております。本文もさることながら、図表をもご覧いただきつつ、企業会計の土台に関する理解を深めていただきたいと存じます。

また本書では実在する何社かの決算書を用いて、その読み方を解説してゆきます。そのなかには、優良会社もあれば、大きな経営課題に直面している会社もあります。倒産してしまった会社もあります。

本書はそれらの会社の経営を批判するために書かれたものではありません。あくまでも、それらの決算書は、決算書の読み方を説明する材料として、用いられたのであります。けっして特定の企業を批判したり、糾弾するために、各社の決算書が引き合いに出されたのではないということをお断りしておきます。

読者の皆さんには、本書に接したのを機に、会社の決算書を日常生活に活かし、実り豊かな経済生活を営んでいただきたいと思います。

なお、本書の出版にあたっては、講談社現代新書出版部の横山建城さんと能川佳子さんにたいへんお世話になりました。筆者はこれに深く感謝しております。この場をお借りして御礼申し上げます。

目次

序　章　決算書はむずかしくない

そばと決算書

はじめに、決算書とは無関係の話をします。

私は、そば屋に行くのが好きです。そば好きの私は、食事どきにおいしそうなそば屋を見つけると、その店に入り、そばの味を楽しんでいます。

私は、けっして食通ではありませんし、そばに関して深い造詣《ぞうけい》があるわけでもありません。また、私にはそばを作る方法がよくわかりません。私はそば好きですが、そばの材料を与えられたとしても、そばを作ることはできません。

私は、ただそばを食べることだけを楽しんでいます。

私のように、そばを食べるだけの人には、そばを作るための技能や知識が要りません。たしかに、そばの材料や作り方の知識が豊富な人には、素人が理解しえないようなそばの楽しみ方があります。しかし、そばを楽しむことは、玄人たちの専売特許ではありません。そばの作り方を知らない私にも、私なりのそばの楽しみ方があります。

このように、おいしい料理を賞味したいのだが、料理を作ったことがないのでおいしい料理を食べることができない、などという人はいません。料理を賞味する人には、料理を作るための技能と知識は要求されません。

同じように、決算書を読む人にも、決算書を作るための知識は不要です。

ところが、驚いたことに、決算書については、そのような当たり前のことが、意外に認知されていません。

ビジネスマンのなかには、決算書を活用するには、経理マンと同じか、あるいはそれに準じた専門知識が不可欠だと考えている人が多いのには、驚かされます。

これは、じつにもったいないことです。

それだけではありません。

私は、公認会計士・税理士という職業に従事しておりますが、仕事柄、長年にわたって、たくさんの決算書を見てきました。その経験からいえることですが、決算書を見ながら、会社の姿を探ることはけっこう楽しいことなのです。

また、人間は、日常生活のなかで、たくさんの会社と係わっています。自分が働いている会社、取引先の会社、就職しようとしている会社、自分が株主になっている会社、自分がこれから株主になろうとしている会社など、人間はたくさんの会社と係わりながら生活をしています。

決算書を読めば、その会社の経営状態を知ることができます。ですから、現代社会を生き抜いてゆくうえで、決算書を読むことは、きわめて大切なことなのです。

しかし、ほとんどの人は、経理の知識が豊富でないという理由で、つまり決算書を作るための知識がないという理由で、決算書を読んでいません。

しかし、それは、料理を作る知識や技能のない人が、おいしい料理を賞味しないことと同じくらいに愚かな考えです。決算書は、経理知識が乏しくても十分に使いこなすことのできるものです。

ところで、さきにおいしいそばの味を楽しむためにはそばの作り方の知識はいらないといいましたが、それでもまったくの無知の場合には、そばを食べても楽しめないということが起きます。

当たり前のことですが、そばは、そのままこれを口に入れてもおいしくありません。そばは、口に入れる前にそばつゆにつけてから食べたほうがおいしくなります。また、そばつゆに、あらかじめ、わさびやネギなどの薬味を少し入れておくと、そばがいっそうおいしくなります。

このような最低限の知識は必要です。それさえ持ち合わせていれば、食通と呼ばれる人たちに引けをとらないくらいに、おいしくそばを味わうことができます。

決算書もこれと同じです。

くわしくは本文に譲りますが、その最低限の知識というのは、基本となる五つの項目とその相互関係のことです。いきなり、本書の核心部分を述べるようですが、この五つの基本要素さえしっかりとおさえておけば、決算書を読むことが、グッとラクになります。これとは逆に、この五つの基本要素を曖昧にしている人は、どんなにくわしく会計学を学んでも、決算書を読みこなすことはできないといっても過言ではありません。

必ずおさえたい五つの基本要素

その五つの要素とは、お金の集め方に関する三つの要素（負債、資本、収益）と、集めたお金の取り扱い方に関する二つの要素（資産、費用）です。

まず、お金の集め方に関する要素としては、次の三つの項目があります。

（お金の集め方に関する三つの要素）

①**負債**：負債とは、将来、**返す約束で集めたお金**のこと。

②**資本**：資本とは、会社のオーナーが**出資してくれたお金**のこと。

③**収益**：収益とは、会社が**稼いで得たお金**のこと。

次に、集めたお金の取り扱い方に関する要素としては、次の二つの項目があります。

（集めたお金の取り扱い方に関する二つの要素）

④資産：資産とは、集めたお金のうち、**その経済価値を失っていないもの。**

⑤費用：費用とは、集めたお金のうち、**その経済価値を失ったもの。**

くわしくは後述しますが、この五つの要素（負債、資本、収益、資産、費用）とその関係を理解しておけば、決算書を読むことができます。

くりかえすようですが、どんなに会計基準にくわしくても、これら五つの基本要素とその相互関係の理解が希薄であれば、絶対に決算書を読みこなすことはできません。

近年、会社のディスクロージャー（企業内容の開示）制度が進み、会計基準も国際化し、会社の決算業務が複雑化してきたという声をよく聞きます。

しかし、決算業務の複雑化によって苦労して対処するのは、決算書の作り手であって読み手ではありません。会社の決算業務が複雑化したとしても、それは、決算書類の読み手にたいして、会社の実態をよりわかりやすくするためのものです。ですから、決算書を読む人は、会計基準の国際化や複雑化を怖がる必要はありません。

とはいえ、そのためには、もっとも根本となる先ほどの五つの要素をきちんと理解しておくことが必要です。

それでは、以下、この五つの基本要素を中心に、決算書の全体像について説明してまいりましょう。

第一章　決算書よりも先に知っておくべき書類がある

中世の商人たちも使っていた書類

決算書を最初に作成したのは、どのような人びとだったのでしょうか？

それは中世のヨーロッパの商人たちです。

当時の商人たちは、左ページにあるような、アルファベットの「T」の文字とよく似たかたちの表を使っていました。

この表の**「T」の右側に、**商人（事業者）たちは、**「どうやって資金を集めたのか」**を記載しました。

また、**「T」の左側には、「集めた資金をどうしたのか」**が記載されました。

この「T」字型のフォームは、**試算表**《しさんひょう》と呼ばれており、今日の企業社会でもひろく用いられています。

この試算表は、決算書の基礎になる書類です。これが、のちに二つに分離されて決算書になります。

とりあえずは、この試算表に注目しつつ話をすすめてゆきます。

T字フォーム（試算表）

右側には、資金をどのように集めたかを書き記す

左側には、集めた資金をどうしたのかを書き記す

試算表の構造はとても単純

たとえば、ある商人（事業者）が、AさんとBさんより、それぞれ六〇万円と四〇万円を借りて、合計一〇〇万円の資金を集めてきたとします。

Aさんから　六〇万円を借りた。
（＝「Aさんが六〇万円を貸してくれた」）
Bさんから　四〇万円を借りた。
（＝「Bさんが四〇万円を貸してくれた」）

このようにしてお金を集めた場合、商人は、試算表の右側に、お金の提供者の名前と金額を記載しました。

ちなみに、お金の提供者であるAさんとBさんは、その商人にたいしてお金を貸してくれた方々です。このように、試算表の右側は、お金を貸してくれた方々の名前が記されたので、**試算表の右側は昔から「貸方《かしかた》」と呼ばれています。**

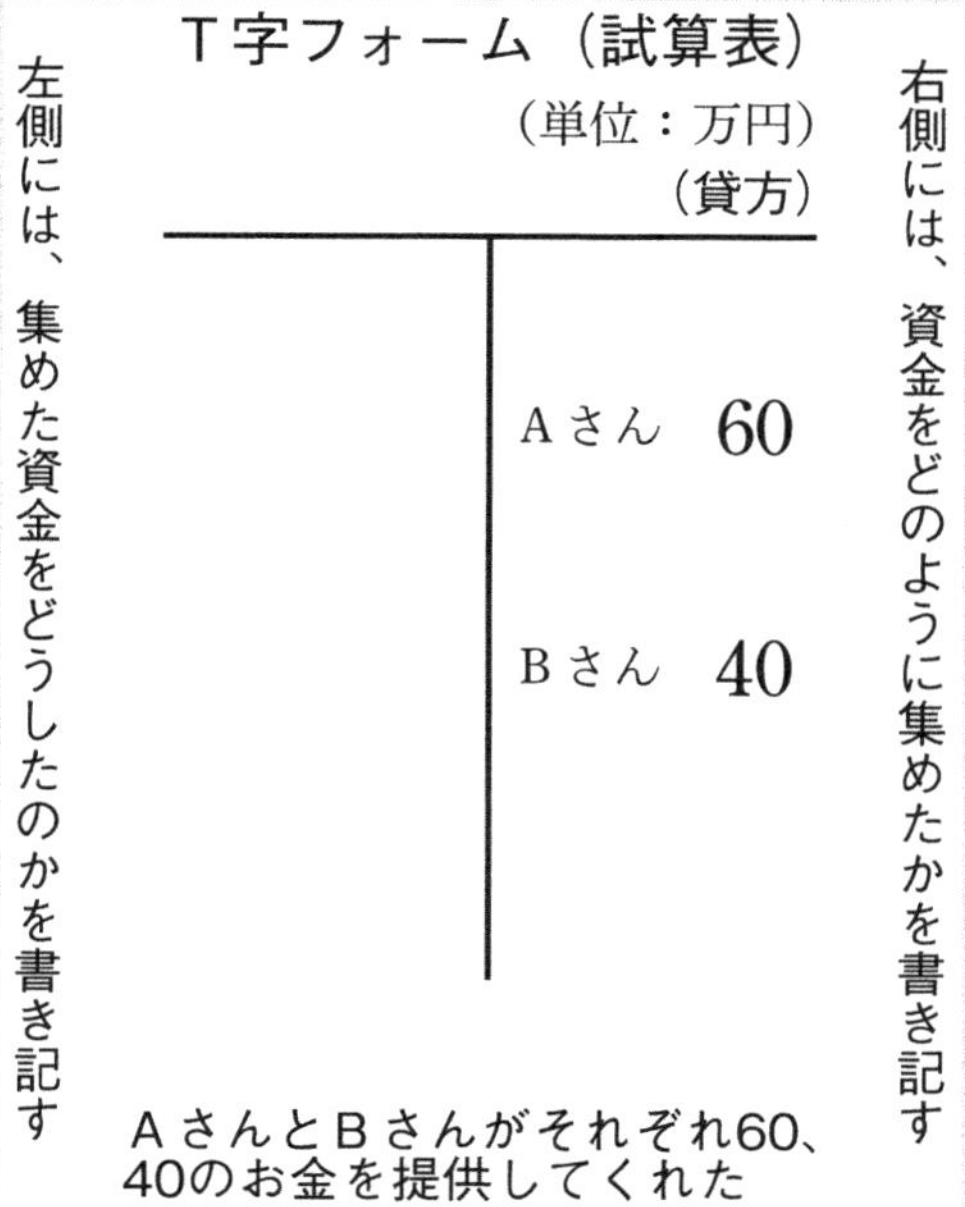
T字フォーム（試算表）
（単位：万円）
（貸方）
左側には、集めた資金をどうしたのかを書き記す
右側には、資金をどのように集めたかを書き記す
Aさん 60
Bさん 40
AさんとBさんがそれぞれ60、40のお金を提供してくれた

いっぽう、商人は、集めたお金をどのように取り扱ったのかを、試算表の左側に記入しました。

たとえば、さきの商人が、AさんとBさんから集めた一〇〇万円を次のように用いたとします。

C銀行に三〇万円を預けた。
（＝「C銀行が三〇万円を預かっている」）

D支配人に七〇万円を預けた。
（＝「D支配人が七〇万円を預かっている」）

このような資金の取り扱い方は、左ページのように、試算表の左側に記載されました。

ここでは、C銀行とD支配人の名前と、それぞれに渡した金額が付されています。

この会社からお金を預かっているC銀行とD支配人は、やがてこの会社にお金を返さないといけない人たちです。ということは、C銀行もD支配人も、会社からお金を借りている方々だといえます。

そのため、**試算表の左側は、昔から「借方《かりかた》」と呼ばれています。**

右側には、資金をどのように集めたかを書き記す

T字フォーム（試算表）

（単位：万円）

（借方）		（貸方）	
C銀行	30		
		Aさん	60
D支配人	70		
		Bさん	40
合計	100	合計	100

集めた100のお金をC銀行に30、
D支配人に70渡した

左側には、集めた資金をどうしたのかを書き記す

ここで、注意をしておきたい点が一つあります。それは、試算表の借方（左側）と貸方（右側）の合計額は、かならず一致するということです。

さきの例では、商人（事業者）は、AさんとBさんから、それぞれ六〇万円と四〇万円を集めました。その合計額は一〇〇万円ですが、これが、試算表の貸方（右側）の合計額として表記されます。

いっぽう、集めた一〇〇万円は、C銀行とD支配人に、それぞれ三〇万円と七〇万円ずつ預けられました。その合計額も一〇〇万円であって、これが試算表の借方（左側）の合計額として表記されます。

このように、試算表においては、かならず、その借方の合計額と貸方の合計額が、一致します。

考えてみれば、これは当然のことです。一〇〇万円という資金の総量を、試算表の右側の貸方では、「どうやって入ってきたか」という視点でとらえ、左側の借方では、「どのように取り扱ったのか」という視点でとらえています。

つまり、一〇〇万円という資金の総量を、いっぽうでは、入り口から見て、もういっぽうでは、出口から見ているにすぎません。ですから、借方（左側）の合計額と貸方（右側）の合計額はかならず一致するのです。

ここまでのおさらい

さて、ここまでのところを復習しましょう。これまでにお話しした内容は、以下の三ポイントに集約されます。

①決算書のもとになる書類は試算表と呼ばれる書類である。
②試算表の右側には、その商人（事業者）がどのようにしてお金を集めたのかが記載される。また、この右側は昔から「貸方」と呼ばれている。
③試算表の左側には、その商人（事業者）が集めたお金をどうしたのかが記載される。この左側は昔から「借方」と呼ばれている。

資金集め＝借金と考えると、ついつい「これは借方なのでは？」と思いがちですが、そうではないことに注意してください。

現代でも構造は同じ

ところで、現代の試算表では、その借方（左側）と貸方（右側）に、C銀行、D支配人、Aさん、Bさんといった、取引相手の固有名詞が使われません。そのかわり、取引内容を端的に示す名称が用いられており、これを**勘定科目**《かんじょうかもく》といいます。

たとえば、左ページには、ある製薬会社（大正製薬、以下T社といいます）の試算表が掲載されています。その貸方（右側）と借方（左側）には、たくさんの勘定科目が表記されています。お金の集め方とその使い方は多種多様なので、勘定科目にもたくさんのものがあるのです。

この勘定科目の知識は、決算書を作成する人には不可欠のものです。しかし、決算書を読むためには、さほど、これらの勘定科目にくわしくなる必要はありません。

これらのたくさんの勘定科目は、貸方の項目は三つに、借方の項目は二つに集約されます。このような集約がなされたうえで、決算書（試算表はその基礎になる書類）が作成され、これが読み手に提供されます。したがって、その基本となる五つ（貸方の三つと借方の二つ）の項目を知っておくことが大切です。

T社
試算表

平成19年3月31日現在　　　　(単位：百万円)

勘定科目	金　額	勘定科目	金　額
現金及び預金	112,464	買掛金	12,525
受取手形	594	未払金	12,533
売掛金	58,101	未払費用	4,094
有価証券	2,000	未払法人税等	3,505
商品	2,909	預り金	724
製品	9,623	前受収益	9
原材料	5,608	返品調整引当金	860
仕掛品	2,506	賞与引当金	2,814
貯蔵品	1,363	役員賞与引当金	73
前渡金	16	長期未払金	2,673
前払費用	1,497	繰延税金負債	6,351
繰延税金資産	5,550	退職給付引当金	14,527
その他	3,477	役員退職慰労引当金	1,646
貸倒引当金	△402	預り保証金	1,496
建物	43,779	資本金	29,804
構築物	2,282	資本剰余金	14,935
機械及び装置	8,685	利益剰余金	507,646
車両及び運搬具	101	自己株式	△45,080
工具、器具及び備品	4,342	評価・換算差額等	27,052
土地	25,400	売上高	194,356
建設仮勘定	9,003	営業外収益	6,559
営業権	133	特別利益	67
商標権	4,206		
ソフトウェア	2,961		
電話加入権	56		
その他	21		
投資有価証券	251,980		
関係会社株式	51,249		
関係会社出資金	3,087		
従業員長期貸付金	5		
長期前払費用	1,636		
その他	922		
貸倒引当金	△224		
売上原価	65,661		
販売費及び一般管理費	107,188		
営業外費用	539		
特別損失	129		
法人税等	10,716		
合　計	799,176	合　計	799,176

お金の集め方は三とおり

それでは、まず、試算表の右側である貸方の項目について、具体的に説明しましょう。前述したとおり、試算表の貸方には、どのようにしてお金を集めたのかが記載されますが、お金の集め方には、大きく三つの方法があります。

一つめの方法は、借りることです。代表的なのは、銀行から借りたり、社債を発行してお金を集めることです。これらは、やがて返すという条件でお金を集める方法です。

二つめの方法は、会社が株を発行してお金を集めることです。これは、一つめの方法とは異なり、原則として資金を返済する必要がありません。そのかわり、会社は、資金提供者である株主にたいして、配当金を出すなどして報いないといけません。

さらに、三つめの方法は、仕事をして稼ぐという集め方です。この方法は、顧客にモノを売ったり、サービスを提供したりしてお金を受け取ることです。

試算表の貸方の勘定科目も、これに相応して、次の三項目に大別されます。

①**負債（債権者に返すお金）**：借りて集めたお金を総称して、**負債**といいます。

②**資本（株主より出資を受けたお金）**：会社のオーナー（株主）からの出資を受けて集めたお金を総称して**資本**といいます。

③**収益（稼いだお金）**：会社が事業で稼いで集めたお金を総称して**収益**といいます。

このように、**試算表の貸方の勘定科目は、負債、資本、収益の三項目のいずれかに集約されます。**

お金の取り扱い方は二とおり

いっぽう、集めたお金の取り扱い方は、大きく二つに分けられます。

一つめの取り扱い方は、お金の持っている経済価値が失われない取り扱い方です。たとえば、銀行に預けたお金などは、その典型例です。集めたお金は、手許になく、銀行に行きますが、いつでも引き出せるので、お金の経済価値は失われていません。

また、土地を買った場合、土地の代金としてお金は出てゆきますが、お金ではなく土地というかたちで、その経済価値が会社に残ります。

このような項目を**資産**といいます。

試算表を構成する５項目

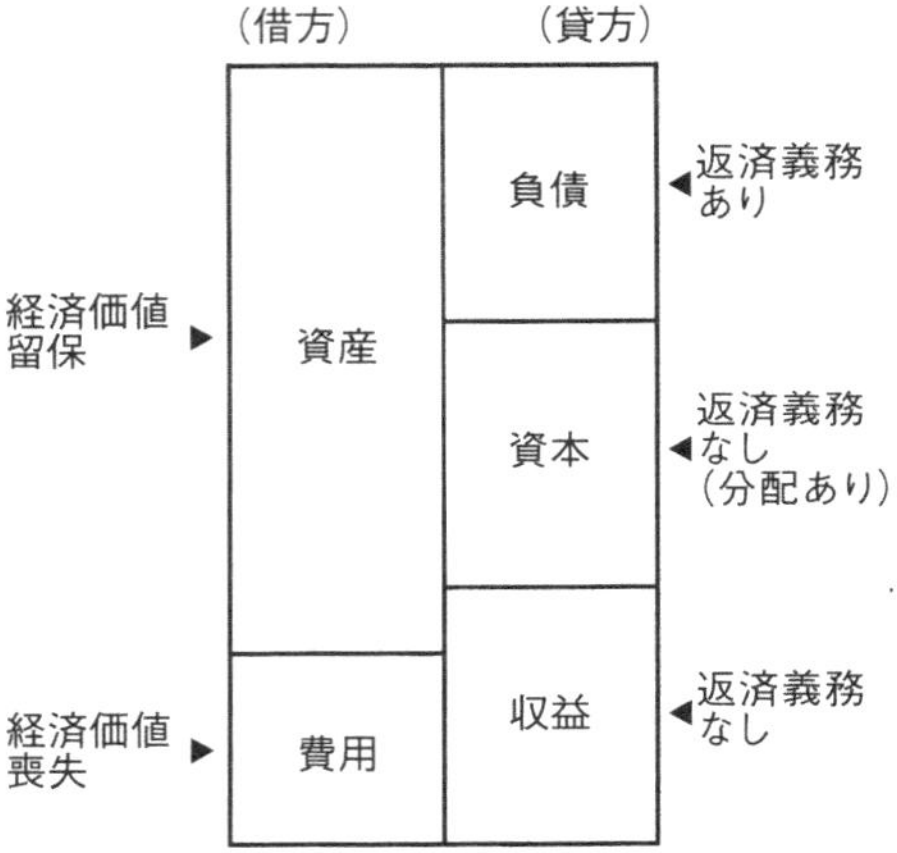

これにたいして、**もう一つの取り扱い方は、お金の経済価値が失われる使い方です。**たとえば、電気代や水道代を払った場合には、お金は、出てゆくばかりで戻ってきません。

あるいは、従業員に給与を払った場合においても、あとで従業員から払った給与を取り戻すことができません。これらを**費用**といいます。

このように、資金の取り扱い方は大きく二つに分けられますが、これに応じて、試算表の借方の勘定科目も次の二項目に大別されます。

①**資産**：集めたお金の経済価値が失われずに残っているもの。

②**費用**：集めたお金の経済価値が失われたもの。

このように、試算表を構成する項目は、貸方（右側）の負債、資本、収益と借方（左側）の資産と費用の五つの項目から成り立っています。

配列順序は決まっている

ついでながら、貸方と借方のそれぞれの項目には、配列順序があります。試算表に記載されるたくさんの勘定科目も、この配列順序にもとづいて記載されます。

まず、右側の貸方については、**いちばん上に負債が記載されます**。

なぜならば、負債は将来返済しないといけないので、会社の経営者は、その返済額と返済期日を日々管理しなければなりません。万が一、返済期日に返済できないと、会社の信用問題を引き起こしてしまいます。それだけでなく、負債が返せないと、会社は倒産してしまいます。つまり、負債は管理面での重要性がもっとも高いのです。

したがって、いちばん大事な負債が、貸方のいちばん上に記載されます。

その次に資本が記載されます。これは、負債とは異なって返済期限がないので、負債ほどには神経を使う必要がありません。

貸方（右側）の項目の配列順序

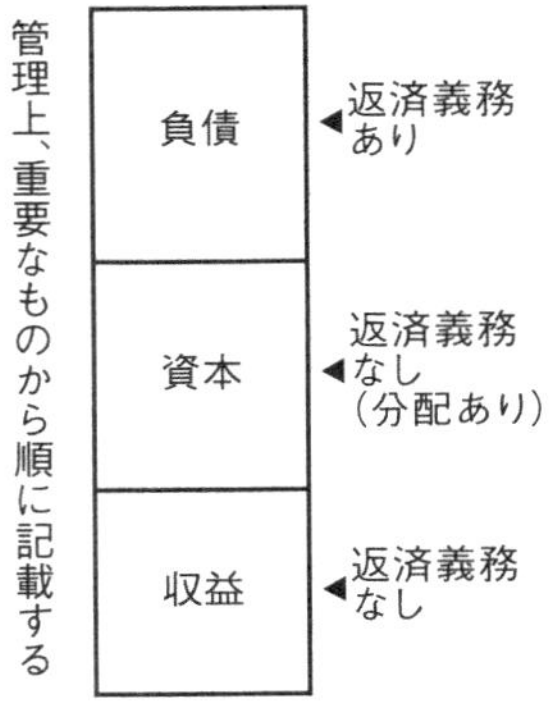

ただし、会社の経営者は、資本を提供してくれた株主を粗略に扱ってはいけません。株主は会社のオーナー（所有者）であり、だれに会社を経営させるかを決定する権限を持っています。

会社の会長、社長なども、株主によって取締役に選任されてはじめてその役職に就いて仕事ができます。ですから、経営者は、けっして株主を粗略に扱ってはいけません。株主は、会社のオーナー（所有者）なのですから。

そこで、経営者は、会社が稼いだ利益から、配当金を出したり、株主優待券を差し出すなどして、資金の提供者である株主に報いなければなりません。したがって、資本は、負債に準じて重要な項目であり、負債のつぎに記載されます。

最後に、**収益がいちばん下に記載されます**。収益とは、顧客にたいして商品やサービスを提供した結果として稼いだお金のことです。収益は会社が稼いだお金ですから、もらいっぱなしでいいのです。返したり、分配したりすることを考える必要はありません。

このように、収益は、お金を受け取ったあと、事後的に神経を使う必要性がなくなるので、試算表のいちばん下に記載されます。

つぎに、左側の借方についても、その記載順序は決まっています。

借方には、管理面での重要性の高い**資産が、いちばん上に記載されます。**

資産については、現金であれ、銀行預金であれ、きちんとこれを管理しないといけません。これにたいして、費用というのは、すでにお金の価値を失っていますので、事後的に管理をしても無意味なことが多いのです。

したがって、**資産が上に、費用が下に、記載されることになっています。**

借方(左側)の項目の配列順序

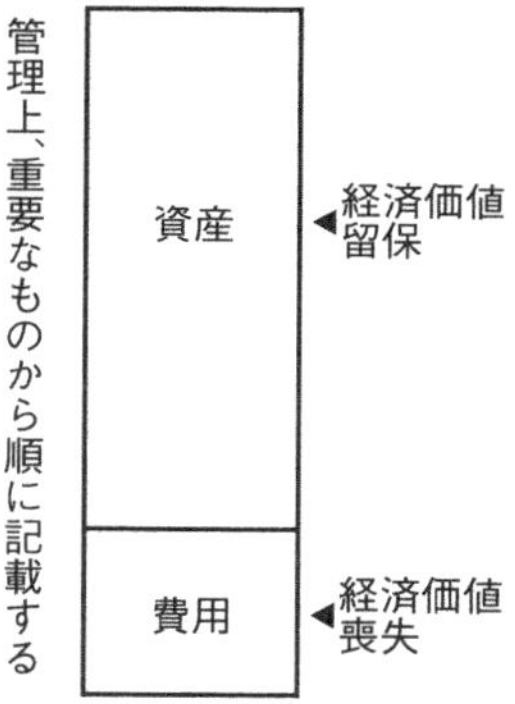

優良企業の試算表はどうなっているのか

ところで、さきほど試算表を掲載した製薬会社(T社)の試算表の勘定科目を主要な五項目に集約してみましょう。

三三ページの試算表には、たくさんの勘定科目が記載されていましたが、その勘定科目は、いずれも、負債、資本、収益、資産、費用の五項目のいずれかに大別されます。

たくさんあった勘定科目を五つの項目に集約すると、左ページに掲げるような試算表になります。

試算表は、決算書類の基礎になる書類ですが、決算書を読むためには、試算表が読めるかどうかがカギになります。

結論からいいますと、五つの基本となる項目（負債、資本、収益、資産、費用）のそれぞれの金額の大小関係さえ読めば、その会社の経営状態の良し悪しがわかります。

ちなみに、左ページにあるT社の試算表は、この会社の経営が良好であって、T社が優良企業であることを端的に示しています。

では、この試算表のどこに、優良企業であることを示すポイントがあるのでしょうか。

以下、経営状態の良し悪しを示すポイントを具体的に説明したいと思います。

ポイント①：お金の集め方の読み方

決算書を読むうえでの最初のポイントは、試算表の右側の貸方にあります。

まず、負債には返済義務と返済期限があります。それにたいして、資本には返済期限が

T社
試算表

自：平成18年４月１日
至：平成19年３月31日

（単位：億円）

（借方）　（貸方）

資産	6,149	負債	638
		資本	5,343
費用	1,842	収益	2,010
合計	7,991	合計	7,991

ありません。ですから、**負債によってお金を集めるよりも、資本によってお金を集めたほうが、会社が倒産する危険が小さいのです。**

また、収益は、会社が稼いで集めたお金のことですから、返す必要はありません。もらいっぱなしですから、**負債は小さく資本や収益が大きいのが好ましいのです。**T社の試算表もそうなっています。

これは、会社に限ったことではありません。個人も同様です。

たとえば、稼ぎ（収益）の小さい人が、消費者金融などからお金を借りて生活をしているような場合には、生活も楽ではありません。これは負債が大きく、収益が小さいのです。いっぽう、高額所得者であって、稼ぎの大きな人は、借金などしなくていいので、生活がラクです。このような人は、負債が小さく収益が大きいのです。

会社の決算書類もこれと同様です。負債、資本、収益の大小関係は、きわめてシンプルに、その会社の経営状態の良し悪しを示します。

ポイント②：お金の取り扱い方の読み方

決算書を読むうえでの二つめのポイントは、試算表の左側の借方にあります。

会社の経営内容が良好であることを示すシグナル①

試算表

自：平成18年４月１日
至：平成19年３月31日

（単位：億円）

（借方）		（貸方）		
資産	6,149	負債	638	小
		資本	5,343	大
費用	1,842	収益	2,010	大
合計	7,991	合計	7,991	

①負債が小さく資本と収益が大きいのが好ましい

借方のほうは、資産が大きく費用が小さいのが好ましいのです。

費用というのは、集めたお金の経済価値が失われたものです。お金の価値を失うよりも、その価値を失わないほうがいいことはいうまでもありません。

したがって、試算表の借方（左側）は、資産が大きく費用が小さいことが望まれます。その点、T社の試算表を見ると、資産が大きく費用が小さいので、経営状態が良好であることがわかります。

これも、会社に限ったことでなく、個人も同様です。集めたお金を浪費する人ならば、費用が大きくなって資産が小さくなります。それが甚だしいと経済的に困窮します。その反対に、浪費をせず、堅実な生活を営んでいる人は、資産が大きくなり費用が小さくなります。

会社の決算書類もこれと同様です。資産と費用の大小関係は、きわめてシンプルに、その会社の経営状態の良し悪しを示します。

ポイント③：収益と費用の大小関係

決算書を読むうえでの三つめのポイントは、試算表の下方にある収益と費用の大小関係

会社の経営内容が良好であることを示すシグナル②
試算表

自：平成18年４月１日
至：平成19年３月31日

②資産が大きく費用が小さいのが好ましい

（単位：億円）

（借方）			（貸方）	
大	資産	6,149	負債	638
			資本	5,343
小	費用	1,842	収益	2,010
	合計	7,991	合計	7,991

です。

この両者を比較して、収益が費用よりも大きいことが必要です。

俗にいう黒字経営とは、収益が費用よりも大きな状態のことをいいます。これにたいして、赤字経営というのは、費用が収益よりも大きな状態のことをいいます。

そもそも、収益というのは、稼いで集めたお金であって、誰かに返す必要がありません。これにたいして、費用というのは、集めたお金の経済価値が失われたものです。当然のことですが、健全な会社であるためには、失われたお金（費用）よりも稼いで増やしたお金（収益）が大きくなければいけません。これは、会社経営の鉄則です。これが逆になり、費用が収益よりも大きくなったときは赤字経営であって、よくないのです。

T社の試算表を見ると、収益の金額が費用の金額を上回っています。これも、T社の経営が良好であることを示しています。

悲惨だった小売業者の試算表

いっぽう、四九ページに掲げた試算表は、平成一三年に倒産したときの、マイカル（小

会社の経営内容が良好であることを示すシグナル③

試算表

自：平成18年４月１日
至：平成19年３月31日

（単位：億円）

（借方）　（貸方）

資産	6,149	負債	638
		資本	5,343
費用（小）	1,842	収益（大）	2,010
合計	7,991	合計	7,991

③収益が費用よりも大きくなければいけない

売業）の試算表です。これなどは少し極端ですが、会社の苦境を如実に物語っています。

まず、貸方の項目については、負債がとても大きく、資本や収益が小さいことがわかります。

つぎに、借方の項目については、資産が小さく、費用が大きくなっています。

さらに、収益と費用を対比すると、収益よりも費用のほうが、ずっと大きな金額になっています。

要するに、この会社の試算表（決算書も同じ）はさきのT社とは正反対の姿をしており、経営が悪化した会社としての条件が三つとも揃っています。

このように、経営内容の良否は、試算表の各項目の大小関係に如実に現れます。ですから、負債、資本、収益、資産、費用の大小関係を知っておくことは、決算書を読むうえで不可欠の知識です。

これまでにお話しした事柄が、決算書を読むための最重要ポイントです。なんとも、あっけない話かもしれませんが、このシンプルな基本知識が、決算書を理解するうえでもっとも大切な知識です。

これは、いちばん、重要な事柄ですので、次の見開きをしっかりご覧ください。

破綻したときのマイカルの試算表

自：平成13年３月１日
至：平成13年12月31日

（単位：億円）

②資産が小さく費用が大きい

①負債が大きすぎる

（借方）		（貸方）	
資産	4,887	負債	16,818
費用	22,946	資本	2,095
		収益	8,920
合計	27,833	合計	27,833

③費用が収益よりも圧倒的に大きい
（注）この会社の場合は少し極端です

ポイント①　試算表の貸方（右側）

負債、資本、収益の大小関係を読むことが肝要である。好ましいのは、負債よりも資本、収益が大きいことである。つまり、試算表の上のほうにある項目（負債）よりも、下のほうにある項目（資本や収益）の金額が大きいことが望ましい。

ポイント②　試算表の借方（左側）

資産と費用の大小関係を読むことが肝要である。好ましいのは、資産が費用よりも大きいことである。つまり、貸方とは逆で、下のほうにある項目（費用）よりも、上のほうに記載されている項目（資産）が大きいことが望ましい。

ポイント③　試算表の下方の項目（収益と費用）

収益が費用よりも大きくなければならない。収益の金額が費用の金額よりも大きい状態を黒字といい、その逆を赤字という。

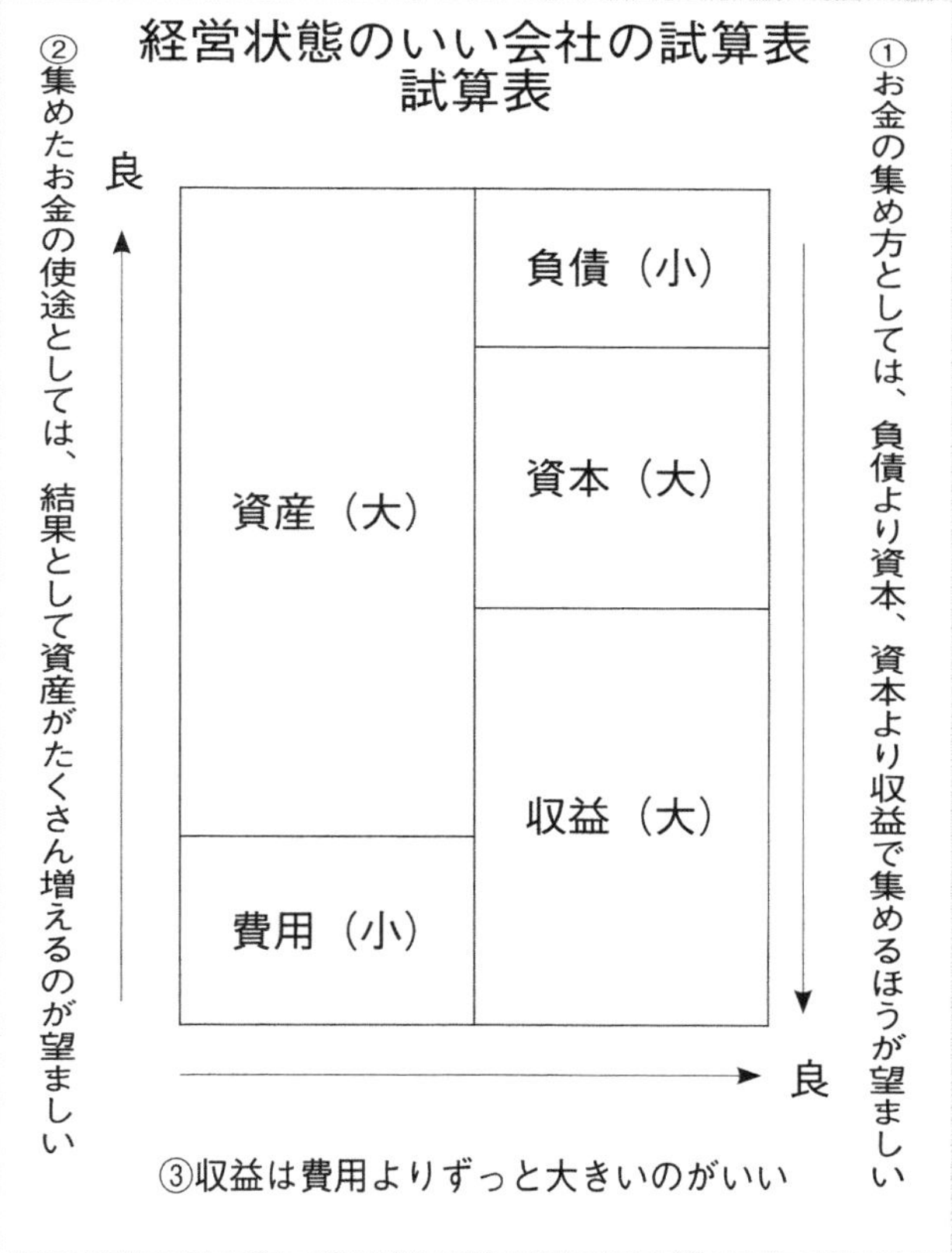
経営状態のいい会社の試算表
試算表
①お金の集め方としては、負債より資本、資本より収益で集めるほうが望ましい
②集めたお金の使途としては、結果として資産がたくさん増えるのが望ましい
良
資産（大）
費用（小）
負債（小）
資本（大）
収益（大）
良
③収益は費用よりずっと大きいのがいい

第二章　切り離される試算表

会社は年に一度決算をする

これまで述べてきたように、試算表は、その右側の貸方に「お金をどのようにして集めたのか」を記し、借方に「集めたお金をどうしたのか」を記した書類です。この試算表は、中世の時代より今日に至るまで、数多《あまた》の商人、会社によって作成されてきました。

ところで、現代の会社は、中世の時代の事業者とは異なり、会社の株主（所有者）と取締役（経営者）がかならずしも同じ人ではありません。会社の取締役は、株主総会において、株主によって選任されます。つまり、現代の会社では、会社の所有者と経営者はかならずしも一致しないのです。

そこで、現代社会においては、年に一度、取締役より株主にたいして決算報告が行なわれることになっています。

株主は、この決算報告を受けて、自分が選任した取締役が、ちゃんと経営をしたかどうかの判断をします。

また、これにもとづいて、株主は、利益配当の金額を決めたり、役員の報酬水準を決定したり、退任する取締役の功労金の支給額を決めたりします。

たとえば、一月一日より一二月三一日までを、一つの事業年度としている会社においては、一二月末に決算を行ない、会社が一年間にどれほどの成果を出したのかが評価されます。

事業年度は、一年を単位としますが、かならずしも一月から一二月にする必要はありません。ちなみに、日本の会社では、四月一日より翌年の三月三一日までを一つの事業年度とするケースが多いという特色があります。

ところで、年に一度の決算においては、経営者は、株主より、つぎの二つの事柄についての報告を求められます。

①この一年間で、いくら儲けたのか。
②会社の財政状態はどうなっているのか。

この二つの事柄を株主にわかりやすくするために、会社の経営者は、その事業年度の終了時点における試算表にもとづいて、二種類の書類を作成することになっています。これが、決算書です。

こうして貸借対照表と損益計算書が生まれる

年に一度の決算のとき、試算表は、上（資産、負債、資本）と下（費用と収益）で切り離されます。

試算表の上の部分（資産、負債、資本）は、次年度以降においても引き続き管理されてゆきますが、下の部分（費用と収益）は、そのまま捨て置かれ、次年度には持ち越されません。

資産、負債、資本の三項目は、会社が事業を続ける限り、経営者が管理し続ける必要がありますが、費用と収益については、その事業年度が過ぎてしまえば、「終わったこと」とされ、次年度に持ち越す必要がないのです。

そこで、年に一度の決算では、試算表から、収益と費用の部分を切り離してしまうのです。

その試算表が切り離された上の部分は、資産、負債、資本の三項目によって構成され、事業年度の終了時点（決算期末）における財政状態を示す書類、「貸借《たいしゃく》対照《たいしょう》表《ひょう》」になります。

切り離される試算表
T社

自：平成18年4月1日
至：平成19年3月31日

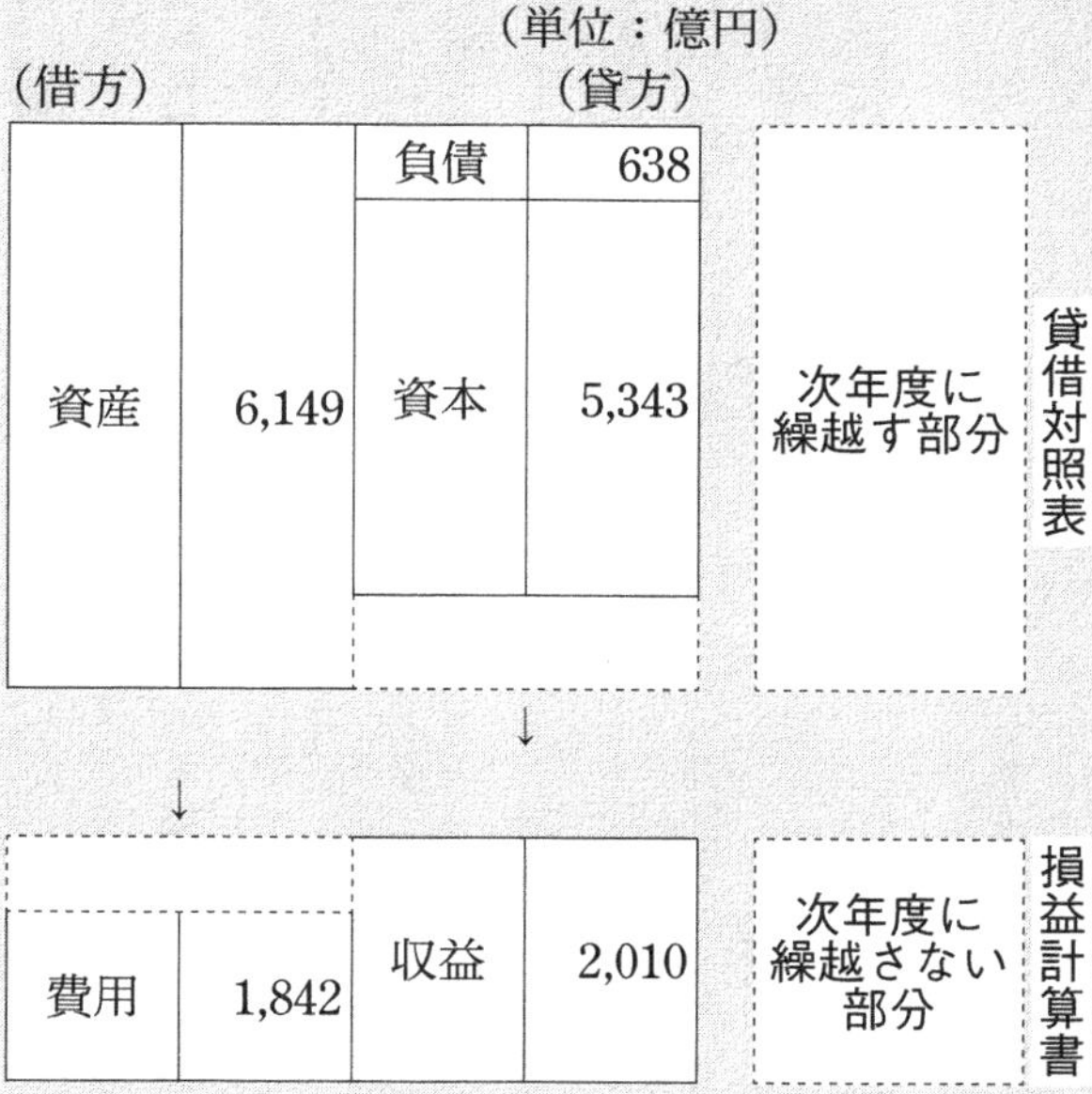

決算時には、収益と費用は
試算表より切り離される

いっぽう、下の部分は、収益と費用の二項目によって構成され、この一年間でいくら儲けたのかを示す書類、「損益計算書《そんえきけいさんしょ》」になります。

最初に、試算表から切り離され、捨て置かれてしまう下半分の損益計算書についてご説明しましょう。**損益計算書は、その一年間に会社がいくら儲けたのかを示す書類です。**

T社の損益計算書の貸方（右側）にある収益とは、この一年間に稼いで得たお金のことであり、これが二、〇一〇億円ありました。

いっぽう、借方（左側）の費用とは、この一年間にお金の経済価値を失った金額のことをいいますが、これが一、八四二億円ありました。

収益から費用を差し引いた差額は、一六八億円ですが、これが、この会社の一年間の正味の稼ぎ**（利益）**を意味します。

損益計算書は、収益と費用を対比して、この一年間で会社がいくら儲けたのか（損したのか）を左ページ下のように表示する書類です。

T社は、この一年に一六八億円の利益を得ましたが、これは、会社のオーナーである株主のものです。

株主は、この一六八億円をどうするかについての決定権を持っています。

「ぜんぶ株主に配当しろ」

切り離された試算表の下半分
T社

平成19年３月31日現在

（単位：億円）

（借方）　　　　　　　　　　（貸方）

費用	1,842	収益	2,010

↓

損益計算書

（借方）　　　　　　　　　　（貸方）

費用	1,842	収益	2,010
利益	168		
合計	2,010	合計	2,010

という株主もいれば、

「半分だけ配当して、あとの半分は会社に留保しておきなさい」

という株主もいます。あるいは、

「配当はしなくていいから、この会社をもっとすばらしい会社にするために使いなさい」

という人もいます。

この利益をどうするかは、決算期が過ぎたあと、三ヵ月以内に開催される株主総会で、決議されます。

いずれにせよ、この一六八億円の利益は株主のものです。

これが、試算表を切り離して作成される、上半分の貸借対照表に反映されます。

左ページ下には、さきの試算表から、収益と費用を切り離したあとの、T社の貸借対照表が掲載されています。この貸借対照表では、資本がぜんぶで五、五一一億円あります。切り離す前の試算表では、資本が五、三四三億円だったので、一六八億円大きくなっています。

この会社は、一年間の活動によって一六八億円の利益を稼ぎましたが、この一六八億円は会社のオーナーである株主に帰属します。よって、決算期に、試算表を切り離したときは、損益計算書の利益の金額だけ、資本の金額が大きくなって貸借対照表ができるのです。

切り離された試算表の上半分
T社

平成19年３月31日現在

（単位：億円）

（借方）　（貸方）

資産	6,149	負債	638
		資本	5,343

↓

貸借対照表

（借方）　（貸方）

資産	6,149	負債	638
		資本	5,511 ← 5,343 + 利益 168
合計	6,149	合計	6,149

切り離す前は5,343だった資本は、168増加して5,511になった

貸借対照表の借方の合計と貸方の合計は、ともに6,149で一致する

ちなみに、T社の資本だけをもう少しくわしく表示すると、左ページのようになります。T社の資本は、五、五一一億円もありますが、じつは、その全部を株主が会社に払い込んだのではありません。

株主が会社に払い込んだ資金は、**資本金及び資本剰余金**という項目で表示されます。これがT社の場合、たったの四四七億円でした。

五、五一一億円もある資本の大部分を占めていたのは、株主から払い込まれたお金ではなく、**利益剰余金**といって、これまでの事業年度に稼いだ利益が会社に蓄積されてきたものです。

たとえば、平成一九年三月期においては、一六八億円の利益を獲得したので、これによって、資本が大きくなりましたが、これはほんの一年分でしかありません。

T社は、平成一九年の時点で、ざっと八〇年ほどの歴史を有する会社です。この間に、たくさんの利益を稼ぎながらも、これを社内に蓄積していったのです。

この蓄積された利益を示す**「利益剰余金」**が五、二四四億円もあって、試算表の勘定科目のなかでもダントツに大きいのも、T社の特徴です。もちろん、これは、T社が長年にわたって、良好な経営をしてきたことを示すシグナルでもあります。

Ｔ社
貸借対照表
平成19年３月31日現在
（単位：億円）
（借方）（貸方）

資産	6,149	負債	638
		資本金及び資本剰余金	447
		利益剰余金	5,244
		その他	△180
合計	6,149	合計	6,149

← 株主が払い込んだ金額（資本金及び資本剰余金）

← これまでに稼いで蓄積された利益（利益剰余金）

Ｔ社の資本は、5,511億円もあるが、株主は、たったの447億円しか資金を出していない。残りの大部分は、稼いだ利益を会社の中に蓄積していったものである

貸借対照表は次年度に持ち込まれる

このあと、T社は、平成一九年四月一日から始まるつぎの事業年度に入りますが、次年度には、資産、負債および資本からなる貸借対照表だけが持ち込まれます。

左ページを見てください。

ここに掲げてあるのは、T社の平成一九年三月三一日の貸借対照表ですが、これは、つぎの事業年度（この例でいえば、平成一九年四月一日から平成二〇年三月三一日までの一年間）のスタート時点における試算表でもあります。

つぎの新しい事業年度は、この試算表を基礎にして、新しい事業年度の取引記録が加味されます。

これによって新しい事業年度の試算表が作成されてゆくのです。

すなわち、翌事業年度においても、資金を調達したり、資金を返済したり、資産を買ったり、収益を獲得したり、費用が生じたり、という取引が無数に行なわれます。これらの取引が、翌事業年度の試算表に加味され、その結果として、翌事業年度の試算表が作成されてゆきます。

T社
試算表
平成19年4月1日

（単位：億円）

（借方）　　　　　　　　　　（貸方）

資産	6,149	負債	638
		資本	5,511
合計	6,149	合計	6,149

平成19年3月31日の貸借対照表は、翌事業年度のスタート時点の試算表になる

一年後の平成二〇年三月三一日には、左ページに見るような試算表ができあがりました。

当然のことながら、切り離す前の試算表の各項目は、前年四月一日時点の試算表とは異なる金額になっています。それは、平成一九年四月一日から平成二〇年三月三一日までの一年間のあいだに、いろいろな取引が行なわれ、これが試算表に書き加えられたからです。

この新しい事業年度の試算表を読むポイントも前述したとおりです。

まず、試算表の右側である貸方をみると、負債が小さく、資本と収益が大きくなっています。

つぎに、試算表の左側である借方をみると、資産が大きく費用が小さくなっています。

さらに、試算表の下方をみると、収益が費用を上回っています。

したがって、相変わらず、T社が優良企業であることに、変わりはなさそうです。

そして、その新しい事業年度末である平成二〇年三月三一日においても、決算が行なわれます。

翌年度末の試算表
T社

自：平成19年４月１日
至：平成20年３月31日

（単位：億円）

（借方）　　　　　　　　（貸方）

資産	6,046	負債	574
		資本	5,213
費用	1,831	収益	2,090
合計	7,877	合計	7,877

このときにも、前年度の決算時と同様に、試算表の上の部分と下の部分が、切り離されます。

切り離された上の部分は、資産、負債、資本からなる平成二〇年三月三一日の時点における貸借対照表になります。同時に、この貸借対照表は、平成二〇年四月一日から始まるつぎの事業年度のスタート時点における試算表になります。

いっぽう、切り離された下の部分は、平成一九年四月一日から平成二〇年三月三一日までの一年間における収益、費用およびその差額である利益を表示する損益計算書になります。当然のことながら、この損益計算書の項目は、平成二〇年四月一日から始まる新しい事業年度には持ち越されません。

会社の決算というのは、毎年、このようなことを延々とくりかえしてゆくのです。

小さな注意点

ここまで述べてきたように、決算書の基礎ともいうべき試算表は、借方の二項目（資産、費用）と貸方の三項目（負債、資本、収益）によって構成されます。

さきに、試算表の貸方には、どうやってお金を集めたのかが記載され、借方には集めた

翌年度末にも試算表は切り離される

T社

自：平成19年４月１日
至：平成20年３月31日

（単位：億円）

（借方）　　　　　　　　　　（貸方）

資産	6,046	負債	574
		資本	5,213

貸借対照表になる

↓　　↓

費用	1,831	収益	2,090

損益計算書になる

上が翌事業年度の貸借対照表、下が損益計算書になる

お金をどうしたのかが記載されるということを説明しました。
ところが、今日、企業活動が永続化し、年に一度の決算をするようになると、たんに、お金の動きだけを試算表に反映させるだけでは不十分だといわれます。

今日においては、たとえお金に動きがなくても、資産、負債、資本、収益、費用の主要五項目のいずれかに変化が生じたときには、その変化した事実に対応して、試算表が書き換えられることになっています。

たとえば、従業員の退職金規定のある会社において、従業員が勤続年数を重ねてゆくと、当然、退職金の要支給額が増えてゆきます。この退職金の要支給額は、従業員が会社にたいして有する債権であり、会社にとっては従業員に返済すべき負債です。

この負債は、従業員の勤続年数の経過とともに増大してゆきますが、その従業員が退職しない限り、お金のやりとりは生じません。

このような場合、たとえお金に動きがなくても、退職金という人件費（費用）は発生していますし、これに伴う支払義務（負債）も増加しています。よって、この事実が、試算表に反映され、負債と費用が増加します。

これは、退職金に限りません。

たとえば、商品の仕入れなどにおいても、じっさいに商品を仕入れたときにはお金は支払われず、翌月になって代金が支払われるのが通例です。

また、会社の商品を売った場合には、代金の受け取りがあとまわしになることもあります。これなどは、お金を受け取るよりもさきに、収益が獲得されていると判断されます。

このようなことは日常茶飯事であり、いちいちお金の授受のみによって試算表を書き換えるようなことをしていては、会社の実態を正しく表示することができません。

そのため、今日の企業会計では、たとえお金の動きがなくても、資産、負債、資本、収益、費用のいずれかが変動するような事象が生じた場合には、これにもとづいた会計処理がなされます。

そうしないと、決算書において、資産、負債、資本、収益、費用の主要五項目が正しく表示されないからです。そのため、日本をはじめとして主要各国には、決算書を作るためのルールとして、会計基準が定められています。この会計基準は、試算表を構成する項目の計算方法と表示方法を事細かに定めています。

ただし、決算書の読み手は、この会計基準にくわしくなる必要はありません。会計基準は、決算書の作成者に要求される知識です。

ですから、読者の皆さんは、会計基準にくわしくなるのではなく、主要五項目（資産、負債、資本、収益、費用）とその関係を理解することが大切なのだということを忘れないでいただきたいと思います。

ところで、**試算表の借方の合計額と貸方の合計額は、つねに一致します。**

さきの退職金を例にとるならば、貸方の負債（退職金の要支給額）が一億円増えるということは、借方の費用（人件費）も一億円増加するということを意味します。

また、一億円の借入れをする場合においても、一億円という貸方の負債（借入金）が増加するとともに、現金が一億円入ってくることで、借方の資産（現金預金）も一億円増加します。

このように、**どんな取引や事象においても、試算表の五項目のなにか一つが増減する場合には、かならず、ほかの項目の増減を伴うので、試算表の借方と貸方の合計額はつねに一致することになっています。**

会社の経理部門では、複式簿記の原理にもとづいて、会社の資産、負債、資本、収益、費用に変動が生じた場合には、その事実に対応して会計処理を行ない、企業の実態に即した試算表が作成されます。

くりかえすようですが、**複式簿記や会計基準などは、決算書の作成者が知っておくべき知識であって、決算書の読み手がくわしくなる必要はありません。貸借対照表（資産、負債、資本）と損益計算書（収益、費用）の基本構造を知っているだけで十分です。**

現行の会計基準にもとづく補足

このように、基本的には、読み手における決算書の基本構造はシンプルですが、貸借対照表について、あと一点だけ、補足説明をしたいと思います。

従来、貸借対照表の貸方（右側）は負債と資本の二項目に大別されていましたが、近年、日本の会計基準では、従前の資本を**純資産**と呼ぶようになっています。

これには理由があります。

近年、試算表の貸方の項目のなかには、負債にも資本にも収益にも該当しないような曖昧なものが出てきたからです。

その一例が新株予約権です。

新株予約権というのは、会社が将来、増資をして株式を発行するときに、その購入を予約する人より受け取る予約金のことです。

受け取った予約金は、返済義務がないので負債ではありません。また、新株予約権は、株主からの出資ではないので、資本でもありません。さらに、会社の稼ぎを示す収益にも該当しません。

このような負債、資本、収益のいずれにも該当しない項目は、貸借対照表の貸方の末尾に表示されることになっていますが、そのため現在の「資本」には、従前の「資本」の項目に加えて、すこし曖昧な項目が含まれるようになってきました。

したがって、現在の日本では、貸借対照表の貸方（右側）については、負債以外のものを、資本ではなく**「純資産」**という名称で表記することになっています。

とはいえ、このような枝葉末節は気にしないこと。

純資産という見慣れない記載があっても、資本とほぼ同義だと理解し、貸借対照表は、資産、負債、資本（純資産）から成ると理解をすれば十分であり、ことさらむずかしく考える必要もありません。

切り離されたあとの試算表の読み方

さて、ここでは、二つの書類に切り離された試算表をどのようにして読むのかを説明したいと思います。

その前に、試算表の読み方の三原則をもう一度、おさらいしましょう。

ポイント① 試算表の貸方（右側）
負債、資本、収益の大小関係を読むことが肝要である。好ましいのは、負債よりも資本、収益が大きいことである。つまり、試算表の上のほうにある項目（負債）よりも、下のほうにある項目（資本や収益）の金額が大きいことが望ましい。
ポイント② 試算表の借方（左側）
資産と費用の大小関係を読むことが肝要である。好ましいのは、資産が費用よりも大きいことである。つまり、貸方とは逆で、下のほうにある項目（費用）よりも、上のほうに記載されている項目（資産）が大きいことが望ましい。
ポイント③ 試算表の下方の項目（収益と費用）
収益が費用よりも大きくなければならない。収益の金額が費用の金額よりも大きい状態を黒字といい、その逆を赤字という。

試算表が二つの書類に分離されたあとは、これらのポイントも、若干変更されます。
まず、①のポイントについてですが、貸方（右側）の負債、資本、収益の大小関係を比較しようと思っても、**収益が試算表から切り離されてしまうので、負債と資本の比較はで**

きても、収益が比較の対象からはずされてしまいます。

つぎに、②のポイントについても、**借方（左側）の資産と費用が切り離されてしまいますので、資産と費用の比較ができなくなります。**

そのため、切り離された試算表の上の部分である貸借対照表については、借方の資産と貸方の負債、資本の大小を比較して読むことになります。

また、③のポイントについては、切り離された試算表の下半分は、収益と費用がそのまま対比されますので、前述したポイントも変更されることなく、収益と費用が比較されます。

その結果、決算書の読み方は、つぎの二つのポイントに集約されます。

①貸借対照表（試算表の上半分）
資産、負債、資本の大小を比較する。
この場合、なるべく負債が小さく資本が大きいほうが、財政状態が良好だといえる。

②損益計算書（試算表の下半分）
収益と費用の大小を比較する。
収益は費用よりも大きくなければならない。

以上が、決算書を読むうえでの最重要ポイントになります。

こんな簡単なことが最重要ポイントなのですから、なんともあっけない話です。が、筆者の長年の経験によりますと、決算書を読むことを苦手にしている人というのは、たいていの場合、このような基礎的かつ根本的な知識を疎《おろそ》かにしていました。そのくせ、瑣末《さまつ》な勘定科目や経営指標を追いかけ、その結果、いたずらに決算書データを複雑化して読み、混乱してしまっているのでした。

これは**決算書に限ったことではないのですが、仕事でも勉強でも、何事も「対象物をいかに単純化して捉えるか」ということが大事です。**

決算書においては、真っ先に、この点を踏まえることが大切です。

次章以降は、もうすこし、具体的な話になります。ただし、ここで説明した話に比べるならば、これからの話は枝葉末節になります。この先の話が多少わかりづらくても、気にしないでください。ここまでの話を十分に理解できれば、決算書は怖くありません。

第三章　細部まで読む必要のない貸借対照表

財政状態を読み解く

それでは、切り離された試算表の上半分である貸借対照表について、具体例を用いて説明しましょう。

貸借対照表を見るときの**ポイントは、前述したように、資産、負債、資本（純資産）の三項目の大小を見比べることです。**

たとえば、T社の場合、負債がひじょうに小さく、資本が大きいという特徴がありますが、これは、財政状態が安定しており、倒産する危険が小さいことを意味します。

負債には返済義務と返済期限がありますが、資本には、それがありません。ということは、負債の大きな会社ほど、多額の返済をするうえでの悩みも大きくなります。負債が返せなくなったときが、会社が倒産するときなのですから。

その点、T社のように、負債の小さな会社というのは、負債をどうやって返そうかということに頭を痛める心配が小さいのです。

このように、負債が小さく資本の大きなT社の貸借対照表は、財政状態がきわめて良好であることを示しています。

T社
貸借対照表

平成19年３月31日現在

（単位：億円）

（借方）　　　　　　　　　　　　（貸方）

資産	6,149	負債	638
		資本（純資産）	5,511
合計	6,149	合計	6,149

負債は小さく資本は大きい

これにたいして、左ページに掲げられているのは、英会話スクール（ノヴァ、以下N社といいます）の平成一九年三月三一日現在の貸借対照表です。

N社は、平成一九年一〇月に会社更生法の適用を申請し、倒産しました。この倒産劇も、煎じ詰めると負債が返済できなくなったことによって生じたものです。

N社の貸借対照表を見ると、負債がとても大きく、資本が小さくなっていることがわかります。これは、会社の財政状態が悪くなっている状態を表しています。

このように、資産、負債、資本の大小関係は、貸借対照表を読むうえでもっとも重要なポイントになります。

ところで、じっさいに貸借対照表を開示するときには、このように資産、負債、資本の総額のみを表示することはめったにありません。

もし、そのような開示をすると、会社の株主はこうクレームします。

「このような表示だと、資産や負債の構成項目がわからない。たとえば、資産なら、どのような資産を保有しているのかの細目をきちんと示すべきである。負債も資本も同様だ」

という具合です。このリクエストに答えるために、じっさいの決算書類は、資産、負債、資本の総額のみでなく、細目までもが示されています。

先のT社の場合では、八六〜八七ページに掲げたような貸借対照表が開示されます。

N社
貸借対照表

平成19年３月31日現在
（単位：億円）

（借方）			（貸方）
資産	552	負債	524
		資本	28
合計	552	合計	552

負債が大きく資本が小さい

負債がとても大きく、資本が小さいので財政状態が悪い

N社は平成19年10月に倒産した

真っ先に見るべきところ

現実の貸借対照表には、八六ページと八七ページのように、資産、負債、資本（純資産）の合計額だけでなく、それぞれの項目の細目までもが記載されます。それればかりか、資産を左側、負債と資本を右側に併記するという方式がとられないことも多いのです。T社の貸借対照表においても、まず、資産を表記し、そのつぎに負債と資本を表記するという方式がとられています。（ちなみに、表示される金額は、「億円」ではなく「百万円」単位で表示されています）

ここで大切なことは、このような書類を見たときに、まずは細目を無視することです。真っ先に、資産合計、負債合計、資本合計（純資産合計）を見てください。

決算書読みのプロフェッショナルたちは、細目をあとまわしにして、まずは、資産の合計、負債の合計、資本の合計を比較して、その大小関係を見たあとで、その細目を見るのです。

そのほうが、その会社の財政状態を把握しやすいのです。

その逆に、望ましくないのは、貸借対照表を手にしたときに、左の上の項目から順番に読もうとすることです。

たとえば、「まずは『資産の部』があって、最初に『流動資産』か。つぎに『現金及び預金』がいくらあって、『受取手形』がいくらで……」などという読み方をしても、その会社の財政状態はわかりませんし、フラストレーションが溜まってゆくのが関の山です。

くりかえしますが、貸借対照表を手にしたときは、真っ先に、**その細目をすっとばして、それぞれの下に記載されている資産合計、負債合計、資本合計（純資産合計）を読み、その大小を比較してください。**

ちょうど、これは人の姿を見ることに似ています。

人の姿を見るとき、

「髪の毛、額の生えぎわ、眉毛、瞼《まぶた》……」

などと、上から順番に、体のパーツを一つずつ丹念に見る人は、いないはずです。そんなことをしても、疲れるだけです。

むしろ、パッと全体を見て、その人の姿と容貌をとらえるのがふつうです。

貸借対照表を読むときも、まったくこれと同じです。その全体像に相当するのが、資産、負債、資本の合計値です。これらを見たあとで、細目については、そのなかの目立つものを中心に見るのが上手な決算書の読み方です。

(6) 長期前払費用		1,636
(7) その他		922
計		308,880
(8) 貸倒引当金		△224
投資その他の資産合計		308,656
固定資産合計		409,631
資産合計		**614,943** ←真っ先にココを見る

区分	金額(百万円)	
(負債の部)		
Ⅰ 流動負債		
1 買掛金		12,525
2 未払金		12,533
3 未払費用		4,094
4 未払法人税等		3,505
5 預り金		724
6 前受収益		9
7 返品調整引当金		860
8 賞与引当金		2,814
9 役員賞与引当金		73
10 その他		−
流動負債合計		37,139
Ⅱ 固定負債		
1 長期未払金		2,673
2 繰延税金負債		6,351
3 退職給付引当金		14,527
4 役員退職慰労引当金		1,646
5 預り保証金		1,496
固定負債合計		26,696
負債合計		**63,835** ←真っ先にココを見る
(純資産の部)		
Ⅰ 株主資本		
1 資本金		29,804
2 資本剰余金		
資本準備金	14,935	
資本剰余金合計		14,935
3 利益剰余金		
(1) 利益準備金	7,451	
(2) その他利益剰余金		
固定資産圧縮積立金	2,883	
別途積立金	495,525	
繰越利益剰余金	18,535	
利益剰余金合計		524,395
4 自己株式		△45,080
株主資本合計		524,055
Ⅱ 評価・換算差額等		
1 その他有価証券評価差額金		27,052
評価・換算差額等合計		27,052
純資産合計		**551,107** ←真っ先にココを見る
負債純資産合計		614,943

細目は後回しにして、合計金額を先に見るのがポイント

T社
貸借対照表
当事業年度
平成19年3月31日現在

区分	金額(百万円)	
(資産の部)		
Ⅰ 流動資産		
1 現金及び預金		112,464
2 受取手形		594
3 売掛金		58,101
4 有価証券		2,000
5 商品		2,909
6 製品		9,623
7 原材料		5,608
8 仕掛品		2,506
9 貯蔵品		1,363
10 前渡金		16
11 前払費用		1,497
12 繰延税金資産		5,550
13 その他		3,477
計		205,714
14 貸倒引当金		△402
流動資産合計		205,311
Ⅱ 固定資産		
1 有形固定資産		
(1) 建物	105,414	
減価償却累計額	61,634	43,779
(2) 構築物	7,089	
減価償却累計額	4,807	2,282
(3) 機械及び装置	65,833	
減価償却累計額	57,147	8,685
(4) 車両及び運搬具	942	
減価償却累計額	840	101
(5) 工具、器具及び備品	28,877	
減価償却累計額	24,534	4,342
(6) 土地		25,400
(7) 建設仮勘定		9,003
有形固定資産合計		93,595
2 無形固定資産		
(1) 営業権		133
(2) 特許権		0
(3) 商標権		4,206
(4) ソフトウェア		2,961
(5) 電話加入権		56
(6) その他		21
無形固定資産合計		7,379
3 投資その他の資産		
(1) 投資有価証券		251,980
(2) 関係会社株式		51,249
(3) 関係会社出資金		3,087
(4) 従業員長期貸付金		5
(5) 関係会社長期貸付金		–

財政状態の良否を手っ取り早く知る方法

ところで、貸借対照表の読み方については、さきに、資産、負債、資本（純資産）の三項目の大小関係を読むことが肝要だと説明しました。

この三項目の大小関係については、貸借対照表の資産、負債、資本（純資産）の三項目を単純に比較すれば足りることです。

これを手っ取り早く、分数式にして、資産、負債、資本（純資産）の大小関係を測る経営指標があります。

それが、**自己資本比率**という指標です。

その計算方法は、資本の合計額を資産の合計額で割ってパーセント表示しますが、負債が小さく資本の大きな会社ほど、この値が大きくなります。

さきの、T社とN社の自己資本比率は、それぞれ左ページのように計算されます。

これを見ると、T社は、九〇パーセントという高水準であるのに対し、N社は、たったの五パーセントしかありません。

基本的には、自己資本比率の小さな会社というのは、負債が大きく、財政基盤が弱いといわれています。

この指標はとても便利なものです。

次ページには、自己資本比率の大まかな目安を記載した表があります。この表の記載内容は、すべての業種業態に当てはまるわけではありません。たとえば、銀行などの金融機関などは、預金者からの預金（負債）がとても大きく、健全な銀行であっても、自己資本比率が低水準である場合も多いのです。

自己資本比率

$$\frac{\text{資本（純資産）}}{\text{資産（＝負債＋資本）}}\ \%$$

Ｔ社の自己資本比率

$$\frac{5{,}511\text{億円}}{6{,}149\text{億円}} \fallingdotseq 90\%$$

（大きくて安心）

Ｎ社の自己資本比率

$$\frac{28\text{億円}}{552\text{億円}} \fallingdotseq 5\%$$

（小さくて不安）

とはいえ、そのような例外となる業種の会社を除いては、財政基盤が強いか弱いかを推し量るうえで、次ページの目安は役に立ちます。

ただし、注意しておきたいのは、たとえば、自己資本比率が四〇パーセントを超える会社が絶対に倒産しないかというと、けっしてそうでないことです。これまでに、自己資本比率が四〇パーセントを超える場合であっても、倒産した会社がありました。

その反面、長年にわたって自己資本比率が

自己資本比率の水準

$$\frac{\text{資本（純資産）}}{\text{資産(＝負債＋資本)}}\ \%$$

この数値は高いほうが倒産する危険が小さい、と言われる

これは、あくまでも一般論だが……

～１０％なら
財政基盤が脆弱
１０％～２０％なら
１０％未満の会社よりも安定しているが、それでも安泰とはいえない
２０％～４０％
ごく一般的な水準
４０％以上
安定しており、倒産事例が少ない

一〇パーセント以下でも、倒産しないで、存続し続けている会社もたくさんあります。しかし、自己資本比率が五〇パーセントを超えるほどの水準にありながら、倒産してしまったという事例を、筆者は寡聞にして知りません。やはり、自己資本比率は大きいに越したことはないようです。したがって、この指標は参考になる指標です。

瑣末な項目は面白半分、興味半分に

それでは、このあとは、何を見ればよいのでしょうか。
具体的には、つぎのようなポイントを踏まえながら、貸借対照表を読んでゆきます。

①金額の大きな項目を中心に読む。
②負債については、借入金や社債などの有利子負債が大きいか小さいかを見る。
③純資産（資本の部）の構成要素をおおまかに見る。

現実に開示される貸借対照表は、八六ページと八七ページのように、資産、負債、資本

（純資産）の細目までをも含めた書類でした。これを一つずつ読むのではなく重要な項目を中心に読みます。

たとえば、左ページのように、貸借対照表から、金額の大きな項目（一、〇〇〇億円以上）だけを拾い上げてみます。これを見ると、T社の場合、現金預金、有価証券などの金融資産が多いことがわかります。T社は歴史が古く、長年にわたって業績も良好です。そのため、余ったお金を金融資産によってたくさん保有していることがよくわかります。

なお、勘定科目については、その全部の意味を知る必要はありませんが、読んでいるうちに重要だと思ったり、かつ、その意味がわからずに困ったりしたときは、インターネットの検索エンジンで検索してみることをお勧めします。

最近は、インターネットの情報提供能力が飛躍的にアップし、知りたい勘定科目に関する情報を容易に入手することができます。

あるいは、会計のことに詳しい身近な人に質問してみるのもいいでしょう。たとえば、知人の経理マン、公認会計士、税理士などです。

ゆめゆめ、すべての勘定科目を知ったうえで決算書を読む、などという考えをおこさないでください。むしろ、面白半分、興味半分に決算書を読み、知らない勘定科目があっても、その金額が小さいものであれば、無視しても差し支えありません。

ためしに、資産と負債について、1,000億円以上の科目だけをピックアップする

T社
貸借対照表
当事業年度
平成19年3月31日現在

区分	金　額（百万円）
（資産の部）	
：	：
現金及び預金	112,464
：	：
投資有価証券	251,980
：	：
資産合計	614,943

区分	金　額（百万円）
：	：
負債合計	63,835
：	：
利益剰余金合計	524,395
：	：
負債純資産合計	614,943

資産については預金と投資有価証券がダントツに大きいいっぽう、負債は全部合計しても、1,000億円に満たない

“借金”は多いのか少ないのか

ところで、負債の項目を見るときは、つぎの点に留意されることをお勧めします。**会社の負債には、仕入などの営業取引によって生じるものと、借入れや社債などの財務取引によって生じるものがあります。**

たとえば、負債には、**買掛金**という勘定科目があります。会社が仕入先より材料や商品を買ったときに代金の返済義務が生じますが、これを**買掛金**といいます。

そもそも、会社というのは、個人が買い物をするときとは異なり、取引のつど現金を払うということをしません。会社では、信用買いといって、代金はあとでまとめて仕入先が請求し、のちに代金が支払われるという方式がとられます。これによって生じる要支払額（返済義務のある金額）が、買掛金という名称で貸借対照表の負債の部に表示されます。

これなどは、営業取引によって生じる負債です。

いっぽう、**借入金や社債などの負債は、財務取引によって生じます。財務取引というのは、資金の調達と返済にかかる取引のことです。**

これらの負債は、利息の負担を伴うことから**有利子負債**と呼ばれています。俗な言い方をすれば、**有利子負債とは「借金」のことです。借金が多いのか、少ないのかを知ることは、その会社の財務状況を知るうえで、大切なことです。**当然のことですが、有利子負債の大きな会社は、有利子負債の小さな会社に比べて財政基盤が弱いという傾向があるようです。

ただし、個人とは異なり、会社の場合、有利子負債による資金調達が有利な場合もあります。

というのは、有利子負債による資金調達は、株式の発行とは異なり、利息を払うだけでいいのであって、利益の分配を要しません。儲かる事業を営んでいる会社では、わざわざ新株を発行して利益をたくさん分配するよりも、わずかな利息を払って借入れをしたほうが、既存の株主がトクをするケースが多いのです。とくに、今日の日本では、金利の水準が低いので、増資などしないで低コストで資金の調達ができます。ですから、借金は少なければ少ないほどいいということが、かならずしも当てはまりません。

とはいえ、倒産した会社の多くは、借金過多であり、T社のような無借金会社が倒産するという話は滅多に聞かれません。借金の大きな会社というのは、それだけ背負っているリスクも大きいのです。

その意味で、有利子負債の多い少ないは軽視できない事柄です。

資本の構成要素を大まかに見る

貸借対照表のなかで、一見、読み方が容易ではないのが「資本」です。とはいえ、要点をおさえておけば、これもさほど難しくありません。左ページの貸借対照表の資本（純資産）の部は、細目まできっちりと表示されていますが、読み手にとって重要なのは、金額の大きな項目です。ところで、資本はつぎの三種類の項目に分類されます。

（１）会社のオーナーである株主が金銭などを払い込んだ部分（資本金、資本剰余金）
（２）会社がこれまでに獲得した利益のうち、株主に分配されず、会社に留保されたもの（利益剰余金）
（３）その他

これらのうち、これまで、さんざん稼いできた会社というのは、（2）の項目（利益剰余金）の金額が大きいという特徴があります。

T社
貸借対照表の抜粋－資本（純資産）

区　　　　分	金額（百万円）	
（純資産の部）		
Ⅰ　株主資本		
1　資本金		**29,804**
2　資本剰余金		
資本準備金	14,935	
資本剰余金合計		**14,935**
3　利益剰余金		
利益剰余金合計		**524,395**
4　自己株式		△45,080
株主資本合計		524,055
Ⅱ　評価・換算差額等		
1　その他有価証券評価差額金		27,052
評価・換算差額等合計		27,052
純資産合計		551,107
負債純資産合計		614,943

株主が払い込んだ金額は、資本金と資本剰余金の合計額である
29,804＋14,935＝44,739百万円しかない
これに対して、利益剰余金は合計で524,395百万円もある

たとえば、T社の場合、利益剰余金は五、二四四億円もあって、その金額がひじょうに膨らんでいました。これにたいして、株主が払い込んだのは、たったの四四七億円しかありませんでした。

いっぽう、T社と対照的であるのが、通信業のソフトバンク（以下、S社といいます）です。

左ページにあるS社の純資産を見ると、（1）の部分（資本金と資本剰余金）が大きく、（2）の利益剰余金がマイナスになっていることがわかります。

これは、何を意味するのかというと、S社は、平成二一年三月三一日の時点において、株主から三、九九七億円の資金提供を受けていましたが、これまでのビジネスで赤字を出し、資本を減らしました。ただし、以前の状況に比べると、近年は、利益剰余金のマイナスが減少しており、もう少しで利益剰余金がプラスになることが期待されます。とはいえ、今日に至るまで、S社では苦戦続きの会社経営が続いていたことがわかります。

このように、**資本は、主として株主が出資してくれた資本金、資本剰余金と、会社の利益が蓄積された利益剰余金から成りますが、この二つのいずれの項目が大きいのかを読むのが基本です。**T社のように、利益剰余金の大きな会社というのは、過年度に稼いだ利益がたっぷりと会社に蓄積されてきたことを示します。

これにたいして、S社のように、利益剰余金が小さい（もしくはマイナスの）会社というのは、過年度に蓄積された利益が少ない（もしくは損失を出していた）ことを示します。

じっさいのところ、貸借対照表の資本は、かなり複雑多岐にわたる表示がなされますが、どこまでが、株主が会社に払い込んだ資金（資本金及び資本剰余金）で、どこまでが、事業で稼いで蓄積した資金（利益剰余金）なのかを読むことができれば十分です。

何度も言うように、決算書は、枝葉末節までをも含めて、すべて理解したうえで読むという考え方は無意味です。これまでに述べた主要項目さえ踏まえておけば、決算書は容易に、かつおもしろく読める書類なのです。

S社の資本の部の主要項目

（単位：百万円）

	平成17年3月31日	平成21年3月31日
資本金	162,397	187,681
資本剰余金	186,783	211,999
小　計	349,180	399,680
利益剰余金	△273,362	△51,269
自己株式	△106	△214
合　計	75,712	348,197

S社では、利益剰余金がマイナスになっている

第四章　会社の業績をざっと見る

収益は三種類ある

さて、この章では、試算表の下半分を切り離して作成される損益計算書についてご説明しましょう。左ページのように、損益計算書は、収益と費用を対比して、その一年間の事業年度の利益額を表した書類です。平成一八年四月一日から平成一九年三月三一日までの一年間で、T社は、二、〇一〇億円の収益を獲得し、一、八四二億円の費用を使ったので、差額の一六八億円の利益を出すことができました。

基本的には、このような損益計算書のしくみを理解しておけばいいのですが、なかには、左ページの損益計算書を見せるとつぎのようなクレームをつける人がいます。「収益と費用については、もう少し詳細な情報を提示してもらえないか。これだと、あまりにも漠然としていて不親切だ。どのようにして一六八億円を獲得したかわかりにくい」

このようなリクエストに答えるために、損益計算書についても、貸借対照表の資産、負債、資本と同様に、収益と費用の細目が表示されることになっています。

現在の日本の会計基準では、決算書の読者に損益の内容を明瞭に表示するために、収益獲得の活動をつぎの三つの活動に細分して表示することになっています。

切り離された試算表の下半分
T社
損益計算書

自：平成18年4月1日
至：平成19年3月31日

（単位：億円）

（借方）（貸方）

費用	1,842	収益	2,010
利益	168		
合計	2,010	合計	2,010

（1）その会社の主要な（メインの）活動によって稼いだ収益

まず、収益には、その会社の基本となる事業による収益があります。T社を例にとると、医薬品の売上高が、これに該当します。これを**売上高（もしくは営業収益）**と呼びます。

（2）その会社にとって付随的な（サブの）活動によって稼いだ収益

つぎに、収益には、主要な事業に付随したサブの活動による稼ぎがあります。これは、売上高（営業収益）と区別するために、**営業外収益**と呼ばれています。T社は、医薬品の製造販売を主要な事業としていますので、それ以外の収益（預金の利息、有価証券の配当金、不動産の賃貸料など）が、営業外収益に区分されます。

（3）それ以外の臨時的・突発的な事象によって生じた稼ぎ

それ以外の収益の項目としては、臨時的・突発的な事象によって生じた稼ぎがあります。これは**特別利益**と呼ばれますが、たとえば、多額の債務免除や本社ビルの売却のような突発的な事象によって生じた稼ぎなどです。

費用は五種類ある

いっぽう、費用についても、収益と同様に、（1）主要な（メインの）項目、（2）付随

収益は、３項目に細分化される

T社
損益計算書の貸方

（単位：億円）

①売上高	1,944	← 主な（メインの）活動によって得た稼ぎ
②営業外収益	65	← 付随的な（サブの）活動によって得た稼ぎ
③特別利益	1	← 上記以外の臨時的・突発的な稼ぎ
合計	2,010	

的な（サブの）項目、（3）臨時的・突発的な項目の三つに分けることができます。

営業費用：主要な（メインの）活動によって生じた費用
営業外費用：付随的な（サブの）活動によって生じた費用
特別損失：それ以外の臨時的・突発的な損失

ところが、そのうちの営業費用は、より詳しい情報を提供するために、（1）仕入と製造に費やした項目と、（2）販売と一般管理に費やした項目に細分されます。これらには、それぞれ**（1）売上原価**と**（2）販売費及び一般管理費**という名称がついています。

売上原価：営業費用のうち、**仕入と製造に費やした費用**
販売費及び一般管理費：営業費用のうち、**販売と一般管理に費やした費用**

このように、営業費用は、二つの項目に分けられますが、これに加えて、会社が利益を出したときに、政府に納める**法人税**なども、費用の科目として表示されます。

したがって、日本の会計基準で開示される損益計算書については、収益と費用は、それ

費用は5項目に細分化される

T社
損益計算書の借方

（単位：億円）

主要な（メインの）活動によって生じた費用 そのうち仕入と製造に要した費用 →	①売上原価	657
そのうち販売と管理に要した費用 →	②販売費及び一般管理費	1,072
付随的な（サブの）活動で生じた費用 →	③営業外費用	5
臨時的・突発的な損失 →	④特別損失	1
政府に納入される法人税など →	⑤法人税等	107
	合計	1,842

それ、三項目と五項目に細分化されて表示されます。

収益の項目

（1）売上高

（2）営業外収益

（3）特別利益

費用の項目

（1）売上原価

（2）販売費及び一般管理費

（3）営業外費用

（4）特別損失

（5）法人税等

このようにして、T社の損益計算書の項目を細分化して表示したのが、左ページの損益計算書です。

費用と収益の細目を表示した損益計算書

T社
損益計算書
自：平成18年4月1日
至：平成19年3月31日

（単位：億円）

（借方）　（貸方）

売上原価	657	売上高	1,944
販売費及び一般管理費	1,072	営業外収益	65
営業外費用	5	特別利益	1
特別損失	1		
法人税等	107		
利益	168		
合計	2,010	合計	2,010

収益を３項目、費用を５項目に細分化して表示している

利益は五種類ある

しかし、このような表示方式においても、利益は収益の総額と費用の総額との差額で表示されるだけです。

利益に関する情報がくわしくなったとはいえません。

利益がたったの一種類しか表示されないことは、損益計算書の読み手にとっても、不都合なことです。

そこで、現在の日本の会計基準によって作成された損益計算書は、左ページのように、収益と費用の配列を全面的に並び替えて、五種類の利益を表示することになっています。

(売上総利益)

まず、一番目に、収益のなかで、もっとも金額が大きくて重要な**売上高**を置き、これから仕入と製造にかかった**売上原価**を差し引いて差額を表示します。

この差額は、その事業の粗利益を表示しますが、これを**売上総利益**といいます。

並び替えられた収益と費用
T社
損益計算書
自：平成18年４月１日
至：平成19年３月31日

		(単位：億円) 金　額
売上高	(＋)	1,944
売上原価	(－)	657
売上総利益		1,287
販売費及び一般管理費	(－)	1,072
営業利益		215
営業外収益	(＋)	65
営業外費用	(－)	5
経常利益		275
特別利益	(＋)	1
特別損失	(－)	1
税引前当期純利益		275
法人税等	(－)	107
当期純利益		168

（＋）は収益、（－）は費用の項目である

〔営業利益〕

二番目に、売上総利益から、販売費及び一般管理費を差し引いて**営業利益**を表示します。営業利益は、その会社の主要な（メインの）活動で、いくら利益を出したのかを示します。

〔経常利益〕

三番目に、営業利益に、付随した（サブの）活動によって生じた**営業外収益**を加算し、これから**営業外費用**を減算して、**経常利益**を表示します。経常利益は、主要な活動とこれに付随した活動で得た利益であり、**経営者の経営成績を表している**といわれています。

〔税引前当期純利益〕（または税金等調整前当期純利益〕）

経常利益に、臨時的・突発的な項目である特別利益を加算し、特別損失を減算して、**税引前当期（純）利益**が表示されます。

〔当期純利益〕

最後に、税引前当期純利益より、法人税等を差し引いて、最終利益である**当期純利益**が

T社
損益計算書
自：平成18年 4 月 1 日
至：平成19年 3 月31日

（単位：億円）

	金　額	
売上高	1,944	
売上原価	657	
売上総利益	**1,287**	←
販売費及び一般管理費	1,072	
営業利益	**215**	←
営業外収益	65	
営業外費用	5	
経常利益	**275**	←
特別利益	1	
特別損失	1	
税引前当期純利益	**275**	←
法人税等	107	
当期純利益	**168**	←

五種類の利益が表示されている

表示されます。
このように、五種類もの利益が表示されることによって、その会社の損益構造を多面的に捉えることが可能になります。

（実例）

たとえば、左ページには、平成七年一一月期における神戸新聞社の損益計算書を掲げましたが、これだと、利益（当期純利益）がマイナス四億円であって、赤字だということはわかるのですが、何が原因で赤字経営をしたのかが不明です。

赤字を出した企業では、何が赤字の原因なのかがきわめて重要なポイントになります。本業が不振なのか、経営者と従業員が怠慢だったのか、突発的な事情によるのかはきわめて重要な事柄ですが、左ページのような表記方法の損益計算書だと、当期純利益しか表示されないので、赤字が、何によってもたらされたのかがわかりません。

これを一一七ページのように並び替えて表示すると、赤字の原因が明瞭になります。

この会社は、売上総利益、営業利益、経常利益はプラスであって黒字経営をしていました。ところが、この年（平成七年）、阪神大震災が起こり、建物や機械設備などの資産が損壊し、多額の特別損失（臨時的かつ突発的な損失）が生じたので、当期純利益が赤字になっ

神戸新聞社
損益計算書

自：平成６年12月１日
至：平成７年11月30日

（単位：億円）

（借方）		（貸方）	
売上原価	141	売上高	221
販売費及び一般管理費	53	営業外収益	6
営業外費用	19	特別利益	0
特別損失	21		
法人税等	△3		
当期純利益	△4		
合計	227	合計	227

赤字が出ているのはわかるが、その原因が不明確

てしまったのです。

左ページのような様式の損益計算書ならば、一一五ページのような形式の場合とはちがい、本業は順調であったものの、臨時的・突発的な事情（この場合は阪神大震災）によって赤字が出たということがわかりやすく表示されます。

このように、五種類もの利益を表示するほうが、決算書の読み手にとって親切なので、今日、日本の会計基準で作成されるすべての損益計算書が、このような様式で表示されます。

以上が、貸借対照表と損益計算書の構造に関する総論になります。じつは、この総論が、決算書を読むうえで、もっとも基本的であって大切な事柄です。

くりかえすようですが、企業会計には、詳細で煩瑣《はんさ》な会計基準が定められていますが、その基準というのは、これまでに述べた総論を大前提にして、資産、費用、負債、資本（純資産）、収益の細目と計算方法を定めているにすぎません。

しかも、会計基準というのは、決算書を作る人が知っておくべき知識であるうえに、しょっちゅう変更されます。

たとえば、今後、日本の会計基準も全面的に国際財務報告基準（ＩＦＲＳ）に移行することが予定されていますが、これによると表示の方法や計算方法がかなり大きく変わって

神戸新聞社
損益計算書

自：平成６年12月１日
至：平成７年11月30日

（単位：億円）

	金額	
売上高	221	
売上原価	141	
売上総利益	80	←プラス
販売費及び一般管理費	53	
営業利益	26	←プラス
営業外収益	6	
営業外費用	19	
経常利益	13	←プラス
特別利益	0	
特別損失	21	←注目
税引前当期純利益	−7	←マイナス
法人税等	−3	
当期純利益	−4	←マイナス

本社の所在地は神戸市。平成７年には阪神大震災があった。**多額の特別損失は、大震災による建物などの損壊によるものである**

しまいます。ですから、決算書を読むだけの人には、現在の日本の会計基準を一生懸命に勉強することはお勧めしません。せっかく勉強しても、将来、無用の知識になってしまうかもしれないからです。

しかし、たとえ国際財務報告基準（ＩＦＲＳ）が全面的に導入されても、基本となる五つの要素（資産、費用、負債、資本、収益）の関係だけは、不変です。

したがって、この総論部分を理解した後は、詳細な会計基準の勉強をすることなく、決算書類の実例に接して、これをおもしろく読むだけで十分なのです。

第五章　損益計算書で大切な五つの項目

重要ポイントは五つだけ

本章では、切り離された試算表の下半分の損益計算書を取り上げてこれをくわしく解説したいと思います。

さきに紹介したT社の損益計算書を、もういちど、ご覧いただきましょう。

結論から言いますと、この損益計算書の重要ポイントは、五項目あります。

それでは、その重要ポイントの五項目を紹介しましょう。

①売上高
②売上総利益
③営業利益
④経常利益
⑤当期純利益

T社
損益計算書
自：平成18年４月１日
至：平成19年３月31日

（単位：億円）

	金　額	
売上高	**1,944**	←
売上原価	657	
売上総利益	**1,287**	←
販売費及び一般管理費	1,072	
営業利益	**215**	←
営業外収益	65	
営業外費用	5	
経常利益	**275**	←
特別利益	1	
特別損失	1	
税引前当期純利益	**275**	
法人税等	107	
当期純利益	**168**	←

重要なのは、これらの五項目

これらの五項目がどのように重要で、どのような読み方をすれば、決算書がおもしろく読めるかについては、のちほど説明します。

しかし、じっさいの損益計算書を見るときは、真っ先にこの五項目を読んでから、ほかの項目を見るべきです。

売上高は大事

まず、売上高が重要項目であることは、いうまでもありません。

くどい説明になるかもしれませんが、会社には、つぎの三種類のサポーターがいます。

債権者

株主

顧客

これらのサポーターは、試算表の貸方の三項目にそれぞれ対応しています。すなわち、債権者は負債に、株主は資本に、顧客は収益に、それぞれ対応しているのです。

まず、債権者というのは、会社に物資や用益を提供したり、あるいは資金を融通して、会社からお金を受け取る人たちのことをいいます。仕入先、外注先、従業員、銀行などは、その典型的な例です。

つぎに、株主とは、会社の事業に必要な資金を拠出して、会社の営む事業による成果を享受しようとする人たちのことをいいます。

さらに、顧客というのは、会社が提供する財貨や用益をうけて、会社にお金を払う人たちのことをいいます。

会社は、このような三種類のサポーターの支援があってはじめて成り立ちます。

このように、債権者は負債、株主は資本、顧客は収益に対応しています。つまり、損益計算書の稼ぎを意味する収益は、顧客によってもたらされます。したがって、損益計算書の売上高というのは、収益のなかでもいちばん金額の大きな項目であって、顧客からの支援の度合いを端的に表します。

したがって、売上高の金額を見ることは、その会社が、顧客の支持をどれだけ得ているのかを知るうえで、きわめて重要な手がかりになります。

また、売上高が増えているか減っているか、を読むことは、顧客の支持が増えたのか、減ったのかを知るうえで重要なカギになります。

このように、売上高というのは、きわめて重要な項目なので、損益計算書を読むときは、真っ先にこれを見るべきです。

①売上高と②売上総利益

その売上高より、売上原価が控除されて、売上総利益が表示されます。これによって、この事業の粗利益がわかります。

T社の主製品は医薬品ですが、その医薬品を売った金額が一年間で一、九四四億円あり、その売った医薬品をつくるのに、六五七億円が費やされたことがわかります。その差額として、粗利益一、二八七億円が獲得されていることが表示されています。

粗利益の大きさを示すもの

さらに、損益計算書の売上総利益の右側には、売上高を一〇〇とした場合の売上総利益の割合が表示されています。これは、**売上総利益率**もしくは粗利益率と呼ばれる指標です。**T社の六六・二パーセントというのは、製造業にしてはきわめて高い水準**にあるといえます。

これは、この会社に限らず、製薬会社に共通する特徴でもあります。製薬会社は、他の業種の会社よりも利幅が大きいのです。昔から「薬九層倍《くそうばい》」という言葉もあるように、薬の値段は原価に比べてひじょうに高いという特徴があります。

T社
損益計算書
自：平成18年４月１日
至：平成19年３月31日

（単位：億円）

	金　額	百分比(%)	
売上高	1,944	100.0%	
売上原価	657	33.8%	
売上総利益	**1,287**	**66.2%**	**←ここに注目**
販売費及び一般管理費	1,072	55.2%	
営業利益	215	11.1%	
営業外収益	65	3.3%	
営業外費用	5	0.3%	
経常利益	275	14.2%	
特別利益	1	0.1%	
特別損失	1	0.1%	
税引前当期純利益	275	14.2%	
法人税等	107	5.5%	
当期純利益	168	8.6%	

それでは、一般の企業の売上総利益率の水準はどうなっているのでしょうか。

左ページには、T社の事例と同じ時期の平成一九年当時におけるいくつかの有名企業の売上総利益率を掲げました。これを見ると、たとえば化粧品会社の売上総利益率は、ほかの業種の会社よりも高いことがわかります。

また、同じ業種でも売上総利益率が案外大きく異なっていることがあります。

電機メーカーを例にとるならば、日立製作所の売上総利益率は二一パーセントであり、パナソニック（当時は松下電器産業、二九パーセント）や東芝（二五パーセント）よりもやや低くなっています。これは、日立製作所が営んでいる事業の一部に、業績が芳しくない事業が含まれていたことに起因しています。（具体的にはデジタルメディア・民生機器の製造販売事業）

また、自動車会社を例にとるならば、トヨタ自動車の売上総利益率は一九パーセントであり、ホンダ（二九パーセント）や日産自動車（二三パーセント）よりも低水準にあることがわかります。その理由は、トヨタ自動車の生産効率が他社よりも悪かったからではなく、トヨタが自動車事業以外にも金融業を営んでおり、これが全体としての売上総利益率（利益額ではありません）を押し下げたからです。

売上総利益率の例

（単位％）

化粧品	資生堂	コーセー	花王
	73.29	74.68	59.14
電機	日立製作所	パナソニック	東芝
	21.07	29.79	25.35
自動車	トヨタ自動車	ホンダ	日産自動車
	19.71	29.06	23.32
ビール	アサヒビール	サッポロビール	キリンビール
	34.31	31.02	40.7

（注）上記データはＴ社の決算データと同時期の平成19年当時のもの

自動車のなかではトヨタ自動車、電機では日立製作所の利益率が低い

メインの活動で得た利益

③営業利益

損益計算書のはなしを続けます。

売上総利益から販売と管理にかかる費用を差し引いて算出されるのが**営業利益**です。

T社の損益計算書には、売上総利益が一、二八七億円あり、これから販売と管理にかかった費用の一、〇七二億円を差し引いて営業利益が二一五億円と表示されていました。

前述したように、営業利益というのは、その会社が主要な（メインの）活動で産み出した利益のことです。これまで引き合いに出してきたT社などは優良企業でしたが、会社のなかには、本業で赤字を出している会社もあります。

たとえば、左ページにある食品業界のF社（じっさいの社名はあえて書きません）の平成一九年三月期の損益計算書を見ると、営業利益がマイナス（赤字）になっています。その数年前、F社には不祥事があって、業績が急激に悪化したのです。

最終利益がマイナスであっても、営業利益や経常利益がプラスであれば、そんなに悲観しなくてもいいことが多いのですが、本業で赤字を出しているということは、その会社が

本業で利益を出せない会社の例

F社
損益計算書
自：平成18年4月1日
至：平成19年3月31日

（単位：億円）

	金　額
売上高	639
売上原価	346
売上総利益	293
販売費及び一般管理費	360
営業利益	−67 ←ここに注目
営業外収益	3
営業外費用	8
経常利益	−72
特別利益	142
特別損失	138
税引前当期利益	−68
法人税等	13
当期純利益	−81

深刻な事態に直面していることの表れです。
現在、Ｆ社は、同業の優良企業が再建支援をしている真っ最中です。

じっさい、ぼろ儲けしている会社など少ない

Ｆ社のような深刻な状態を示す損益計算書は少ないのですが、それでも、好景気だといわれた平成一九年当時においても、上場会社のなかには三〇〇社ほど、営業赤字を出している会社がありました。平成二一年には、これが、六六〇社ほどに増えました。上場会社は四〇〇〇社ほどありますから、じつに、六社に一社が本業で利益を稼げなくなったのです。

この点が企業経営の難しさを物語っています。上場会社の多くは、上場していない会社よりも経営状態がいいと思われがちですが、企業経営というのは、そんなにラクなものではありません。上場会社といえども、本業で利益を出すのに四苦八苦しているのが企業社会の現実です。

また、黒字であっても、ほんのわずかの利益しか稼いでいない会社も案外多いのです。

営業利益を売上高で割ってパーセント表示したものを売上高営業利益率といいますが、左ページの表にあるとおり、上場会社の大半は、利益を出していたとしても売上高営業利

売上高営業利益率、売上高経常利益率の水準について

ふつうは一桁。10％を超えるのはせいぜい20社に１社ぐらいしかない

（平成19年当時のデータより）

３％までは四苦八苦している会社が多い。または収益力を「率」としてではなく「額」が勝負の業種・規模のことがある（巨大企業に多い） ４～６％までは普通に適正利潤を得ている業種の会社である。（王子製紙、三菱電機、マツダ、アサヒビール、キリンビールその他多数） ７％以上になると優良企業が多くなってくる。（伊藤園、花王、トヨタ自動車、ホンダその他多数） 10％を超える有名企業は、とりわけ利幅が厚い事業をしていることが多い（武田薬品工業、ヤフー、任天堂、東日本旅客鉄道など）

（平成19年当時のデータより）

益率は一〇パーセントに満たないのです。ということは、大きな会社であっても、本業でぼろ儲けできるような恵まれた環境でなく、四苦八苦しながら利益を稼いでいる会社が意外に多いのです。これも企業社会の現実です。

④経常利益

この営業利益に、**営業外収益**と**営業外費用**を加減して算出されるのが、**経常利益**です。ちなみに、営業外収益とは、副業や財務など、本業以外の付随的な（サブの）活動によって得られた収益のことです。たとえば、預金の利息や配当金、サイドビジネスで得た収益などは営業外収益になります。

T社の場合、営業外収益は六五億円ありましたが、主な営業外収益は、利息と配当金の受け取りであり、わずかに不動産の賃貸料などがありました。

いっぽう、営業外費用とは、サイドビジネスや財務など、本業以外の活動によって喪失された費用のことです。支払利息などはその典型的な例です。

また、T社の営業外費用は五億円と小さかったのですが、これはこの会社が無借金経営をしており、支払利息がゼロだからです。

経常利益は、本業に副業や財務活動のような付随活動の成果を含めた利益であり、その事業年度の「経営成績」を表すといわれています。

T社
損益計算書
自：平成18年４月１日
至：平成19年３月31日

（単位：億円）

	金　額	百分比(%)	
売上高	1,944	100.0%	
売上原価	657	33.8%	
売上総利益	1,287	66.2%	
販売費及び一般管理費	1,072	55.2%	
営業利益	215	11.1%	
営業外収益	65	3.3%	
営業外費用	5	0.3%	
経常利益	275	14.2%	←ここに注目
特別利益	1	0.1%	
特別損失	1	0.1%	
税引前当純利益	275	14.2%	
法人税等	107	5.5%	
当期純利益	168	8.6%	

⑤当期純利益

経常利益のあとには**特別利益**と**特別損失**が加減され、法人税などを負担する前段階での税引前当期純利益（または税金等調整前当期純利益）が表示されます。

特別利益、特別損失とは、臨時的かつ突発的な原因によって生じる利益と損失のことをいいます。

このような臨時的かつ突発的な損益の項目は、経常利益を計算したあとに表示しないと、企業の一年間の経営成績が正しく評価されません。よって、このような項目は、経常利益までの計算段階には含めず、特別利益と特別損失として表示されます。

そのあと、税引前当期利益が表示され、これに**法人税**等の負担額などが差し引かれて、**当期純利益**が表示されます。

この形式に慣れていない人は、損益計算書を見ると、なにやら専門的な書類であると思うことが少なくないのですが、**じっさいのところは、読む人に何段階もの利益を表示して、「粗利益」「本業での稼ぎ」「経営成績」「最終利益」などがわかるように配慮されているのです。**

ところが、じっさいの損益計算書を見ても、それらの重要項目が太字になって表記されているはずもなく、どれが重要なのかがわからずじまい、ということになりがちです。

損益計算書で見るのはここだけ

たとえば、一三六ページと一三七ページにかけて掲載されている、じっさいに開示されたT社の損益計算書をご覧いただくと、たくさんの勘定科目が表記されていることがわかります。

これを、上から順番に、

「製品売上高がいくらで、商品売上高がいくらで、製商品期首たな卸高がいくらあって……」

などと、上から順番に一つずつ読んではいけません。

こういう読み方をしても、疲れるだけです。

筆者は、これまで、たくさんの決算書類を読んできましたが、前述した五項目（①売上高、②売上総利益、③営業利益、④経常利益、⑤当期純利益）以上に重要な情報は、このなかに一つもない場合が圧倒的に多いのです。

ですから、真っ先に、重要五項目に目をやり、これらを中心に、損益計算書を読めばいいのです。

11　減価償却費	5,958		
12　研究開発費	28,539		
13　賃借料	3,501		
14　業務委託料	3,498		
15　特許実施料	1,006		
16　その他	7,856	107,188	55.1
営業利益		21,507	11.1
Ⅳ　営業外収益			
1　受取利息	295		
2　有価証券利息	3,113		
3　受取配当金	2,056		
4　不動産賃貸料	465		
5　その他	627	6,559	3.4
Ⅴ　営業外費用			
1　支払利息	2		
2　その他	536	539	0.3
経常利益		27,527	14.2
Ⅵ　特別利益			
2　固定資産売却益	1		
5　貸倒引当金戻入益	66	67	0
Ⅶ　特別損失			
1　投資有価証券評価損	3		
2　固定資産処分損	125		
5　その他	0	129	0.1
税引前当期純利益		27,466	14.1
法人税、住民税及び事業税	8,577		
法人税等調整額	2,139	10,716	5.5
当期純利益		16,749	8.6

実際に開示された損益計算書

T社

区分	当事業年度 （自　平成18年4月1日 至　平成19年3月31日） 金額（百万円）		百分比 （%）
Ⅰ　売上高			
1　製品売上高	171,405		
2　商品売上高	22,951	194,356	100
Ⅱ　売上原価			
1　製商品期首たな卸高	13,069		
2　当期製品製造原価	53,189		
3　当期商品仕入高	12,898		
合計	79,157		
4　他勘定振替高	943		
5　製商品期末たな卸高	12,532	65,681	33.8
売上総利益		128,675	66.2
返品調整引当金戻入額		881	
返品調整引当金繰入額		860	
差引売上総利益		128,696	66.2
Ⅲ　販売費及び一般管理費			
1　荷造運搬費	8,073		
2　広告宣伝費	14,422		
3　販売促進費	14,287		
4　貸倒引当金繰入額	−		
5　給料・賞与	12,422		
6　賞与引当金繰入額	1,305		
7　退職給付費用	755		
8　役員退職慰労引当金繰入額	97		
9　福利厚生費	2,753		
10　旅費交通・通信費	2,710		

そのほかの項目は、必要に応じて、重要なものだけを読めば十分です。

ちなみに、ここにある、じっさいに開示されたT社の損益計算書にはたくさんの科目がありました。

たとえば、売上原価のところには、つぎのような勘定科目があります。

製商品期首たな卸高　当期製品製造原価　他勘定振替高　製商品期末たな卸高

これらの科目は売上原価の計算過程を示すための科目ですが、その意味を知らなくても支障をきたすことはありません。

そのほかにも、T社の損益計算書には、つぎのような科目もありました。

返品調整引当金戻入額　返品調整引当金繰入額　賞与引当金繰入額　役員退職慰労引当金繰入額　法人税等調整額

そもそも、損益計算書には、もっとたくさんの勘定科目があります。たとえば、

少数株主利益　持分法投資損益　退職給付会計基準変更時差異処理額　確定拠出年金制度移行差益　事業再構築引当金戻入益　債務勘定整理益　売買契約解約違約金　仕入割引　受取補償金　各種引当金繰入額

などです。

これらの科目の名称の、なんとしかつめらしいことでしょうか。ですが、こんな科目の知識がなくても、まったく支障はないのです。こういうのは全部無視して差し支えありません。**これらの勘定科目の金額が看過できないくらいに大きい場合にのみ、その勘定科目がどのような内容のものかを調べればいいのです。**

けっきょくのところ、損益計算書のなかで重要なのは、①売上高、②売上総利益、③営業利益、④経常利益、⑤当期純利益の五項目であって、これ以上に重要性の高い項目はないケースが圧倒的に多いのです。

したがって、細かい項目については、とりあえずそれらを無視して、この五項目の金額と売上高営業利益率などを中心に損益計算書を読めば、これでほぼ十分です。

損益計算書に限らず、決算書類というのは会社の姿を表す書類です。そうであれば、その細部を熟知しておく必要はありません。もっとも目立つ、重要項目を抑えておけば、その会社の姿は明瞭になります。

減点思考の弊害

余談になりますが、筆者はこれまで二〇年ちかくにわたって金融機関や経営者向けのセミナーで、財務データの活用法に関する講師を務めてきました。その経験からいえるのですが、まじめで有能な人ほど、決算書データを目にしたときに、会計に関する自分の知識不足を克服しようと懸命になります。

その結果、売上高や営業利益のような基本的なことにはまったく頓着せず、わからない瑣末な項目とその周辺ばかりに気を払ってしまうという傾向があります。

結局、その会社の姿を適切に捉えられないうえに、決算書を読んでいる本人は欲求不満になり、決算書を読むことがおもしろくなくなってしまうことが多いのです。

なぜ、そうなるのでしょうか。

筆者の私見では、子供のころから延々と続いてきた試験のための勉強の経験が影響しているように思われます。

たとえば、外国人に「かれは学校に行く」というのを英文にして電子メールを送るとき、つぎのように書いて送ってしまったとします。

he go to school

これは完璧な文章ではないのですが、その意味は相手の外国人に伝わります。ところが、これが中学校のテストだと問題です。たとえ相手に意味が通じても、試験だと、つぎの三点がクリアされていないので不正解になってしまいます。

①まず、最初のｈが大文字になっていない
②主語が三人称単数の現在形の文章では go ではなく goes と書かないといけない
③文末にピリオド「.」がついていない

現代人の多くは、このようなミスをしないための訓練を経た人が多く、減点されないように細心の注意を払うのが習性になっています。また、勉強不足があれば、これを克服しないといけないという気持ちが強く出てしまうことが多いのです。

世のなかの大半の人は、会計学を専門的に学んだ経験がありません。そのため、決算書を手にしても、真っ先に、自分の会計知識が乏しいことに意識が移ってしまうのです。そのせいか、減点思考で決算書に向かってしまうのです。

そのような人には、金額の小さい勘定科目を重視したり、不要なものまでをも含めて、覚えかけた経営指標を全部計算したりして、懸命になって知識不足を克服しようとする傾向が見られます。これは、減点されまいという意識が強く現れていることの証拠です。しかし、これだと時間と労力の無駄になることが多いのです。

自分の好きなところだけ

そもそも、専門的に会計学を勉強した人であっても、すべての会計基準に精通した人などほとんどいません。どんな決算書にも、部分的にわからないことがたくさんあります。何度もいうことですが、決算書では、作り手と読み手に必要とされる知識はまったくちがうのです。

くどいようですが、決算書の読み手には、決算書の細部に関する知識は必要ありません。これまでに本書で説明してきたような、資産、費用、負債、資本、収益の関係や、営業利益や当期純利益などの各種利益に関する知識があれば十分なのです。

決算書にしろ、あるいは上場会社の有価証券報告書にしろ、提供されるすべての情報をぜんぶ理解したうえでこれを活用しないといけないなどという気持ちを持つ必要はまったくありません。だいたい他人が作った分厚い有価証券報告書なんか、注記なども含めて全部まじめに読む人などいません。いるとすれば、その人はよほどの有閑人か、そうでなければ、相当に情報活用が不得手な人にちがいありません。そのような膨大な情報のある書類については、自分の好きなところだけを、わかる範囲内で読むのがいちばんなのです。

筆者がそういうと、読者のなかにはこれを不謹慎だと思われる人がいるかもしれませんが、じっさいのところ会計に通暁《つうぎょう》した専門家であっても、決算書の膨大な情報の全部を読む人などひとりもおらず、いずれの専門家も自分の関心のあるところ（つまり好きなところ）しか読んでいないのです（筆者がそうです）。

だから、人間の姿かたちを見るのと同じような気持ちで、気楽に決算書を読むほうがいいのです。

筆者の専門家なりの見方

もちろん、会計学の知識が豊富な人にはそれなりの読み方もあります。だがそれは、マニアにはマニアしかわからない楽しみ方があるというだけのことです。けっして、マニアでなければ決算書が読めないということではありません。決算書の読み方には減点主義は不要です。むしろ、自分が勉強した範囲に応じて、加点主義にもとづいて読んでゆくほうが楽しいのです。そこから、決算書を読むおもしろさも広がってゆきます。

ちなみに、筆者は、さきほど述べた五項目をさらに縮小させて、三項目だけを真っ先に見るようにしています。

筆者は、重要な五項目のなかでも、売上総利益と経常利益は、その重要性が小さいと判断し、売上高、営業利益、当期純利益の三項目を真っ先に読みます。そのあとで、それ以外の項目のうち、目立つものを中心に読んでおります。

なぜ、売上総利益と経常利益を重視しないかについては、理由があります。

まず、売上総利益の場合、売上高と対比した売上総利益率の水準が、業種業態によって千差万別であって、一般化できないという特徴があります。そのため、これが高いか低いかを知ったところで、収益力の良否に関する判断ができないことが多いのです。

たとえば、製薬会社のT社。

この会社は、売上総利益率が六六・二パーセントという高水準にありました。その代わり、このような業種では、研究開発費と広告宣伝費が他の業種よりも大きくなる傾向があります。これは、販売費及び一般管理費のなかに入ってしまいます。したがって、売上総利益の水準が高くても、けっきょく、売上高営業利益率を見ないと、収益力の優劣が判断できないのです。そのため、営業利益を重視し、売上総利益については、必要な場合しか見ないようにしています。

欺瞞に満ちている経常利益

筆者が会計学の初学者であったころより、経常利益は、「経営者の経営成績を示す」といわれてきました。

しかし、長年にわたって決算書を読んできた結果、筆者は、これもあまり重視しなくなりました。これには理由があります。

そもそも、経常利益は、営業利益に営業外収益と営業外費用を加減して表示されるものです。

筆者が問題視するのは、経常利益の計算に含まれない特別損失と特別利益です。

たとえば、一一四ページで紹介した神戸新聞社では、天変地異ともいうべき阪神大震災によって大損害を蒙《こうむ》ったので、その損失を特別損失として表示しました。これについては、人情として、なんとなく納得ができます。天変地異は、経営者の管理対象外のものですから。

しかし、筆者がたくさんの決算書を見てきた限りでは、経営者の大失敗によってもたらされた損失が、臨時的で巨額である場合に、これを特別損失とし、経常利益の計算より除外するケースが多いのが実情なのです。

たとえば、左ページには、情報通信のI社（じっさいの社名はあえて書きません）の損益計算書の一部が掲載されていますが、経常利益がプラスであるのに対し、税引前当期利益が大きなマイナスになっています。

その原因は、特別損失のなかの事業再構築損と貸倒引当金繰入額が多額であることです。

そもそも、このような多額の損失は、経営者の経営的意思決定の結果によってもたらされたものであって、経営者の経営責任の範囲内にあります。

たとえば、事業再構築損というのは、会社が不利な事業から撤退し、事業をリストラクチャリングしたことによって生じた損失です。そのような不利な事業から撤退せざるを得なかった責任は、経営者にあります。

I社は情報通信の会社ですが、平成一六年に大々的に不動産事業に進出しました。しかし、これが大失敗でした。これによってI社は壊滅的な打撃を受けたのです。

Ｉ社（情報通信）の損益計算書

（単位：百万円）

	前連結会計年度 (自　平成19年 4月1日 至　平成20年 3月31日)	当連結会計年度 (自　平成20年 4月1日 至　平成21年 3月31日)
経常利益	829	298
特別利益		
固定資産売却益	549	0
投資有価証券売却益	1,083	0
関係会社株式売却益	1,347	20,993
その他	49	107
特別利益合計	3,028	21,100
特別損失		
固定資産除却損	19	14
投資不動産売却損	0	5
減損損失	30	57
事業再構築損	12,848	7,787
投資有価証券評価損	1,375	756
関係会社株式評価損	0	3,037
貸倒引当金繰入額	0	14,226
債務保証損失引当金繰入額	0	1,768
たな卸資産評価損	47	0
その他	23	140
特別損失合計	14,341	27,791
税金等調整前当期純損失（△）	△10,485	△6,393

たとえ経常利益が２期連続で黒字であっても、どうみたって経営者が大失敗をしたから、２期連続で大赤字になったのです（筆者）

益である。

負債のなかにある有利子負債

資本のなかにある株主からの払込資本（資本金、資本剰余金）と蓄積された利益（利益剰余金）

◇損益計算書

損益計算書は、1年間の業績を示す書類であり、その1年間の利益が表示される。

損益計算書には、たくさんの情報が盛りこまれているが、重要なのはつぎの5項目である。

売上高
売上総利益
営業利益
経常利益
当期純利益

そのなかでも、営業利益を売上高で割って算出される売上高営業利益率は、会社の収益力を評価するうえで、有益なものである。（130ページ）

会計の知識をすべて理解しないと決算書が読めない、という誤った考えを持ってはいけない。複雑な会計基準に関する知識は、決算書の作成者に必要なものであって、読み手には不要である。資産、費用、負債、資本、収益が何かということと、その相互関係を知っておけばいい。決算書を読むときは、会計の知識について、減点主義で臨むよりも、加点主義で臨むことが好ましい。

◇**試算表**

試算表の貸方（右側）には、会社がどのようにお金を集めたのかが表記され、借方（左側）には、会社が集めたお金をどうしたのかが表記される。

試算表の貸方は３項目（負債、資本、収益）によって構成され、借方は２項目（資産、費用）から構成される。

試算表の各項目については、その金額の大小関係を読めば、経営状態の良否が判定できる。

貸方：なるべく負債よりも、資本や収益が大きいことが好ましい。
借方：なるべく費用が小さく資産が大きいことが好ましい。
試算表の下半分：費用よりも収益のほうが大きいことが好ましい。

◇**貸借対照表**

貸借対照表は事業年度の終了時点における会社の財政状態を示す書類である。

細部を読むよりも、資産、負債、資本の大小関係を読む。相対的に、負債よりも資本が大きいほうが、会社の財政状態は良好であり、倒産の危険が小さいといわれる。

なお、自己資本比率は、財政基盤の強弱を知るうえで、有益な指標である。（88ページ）

資産、負債、資本の大小関係をみたあとは、主として金額の大きな項目を中心に貸借対照表を読む。

また、つぎの項目についてその金額の大小を知ることは、有

部外者である筆者からみれば、I社が畑違いの不動産事業に進出したことが軽率だったように思われます。このような会社の命運を大きく左右する誤った経営意思決定によって、I社は窮地に追い込まれてしまいました。

それなのに、これによって生じた損失を「経営者の経営成績」を示す経常利益の計算よりはずしてしまうのは、なんとも、不合理なように思えるのです。これらが、臨時的で巨額だという理由で経営成績を示す経常利益の計算対象からはずしてしまうならば、経営者の軽微な失敗だけ経常利益に反映され、その責任を大きく問われるような大失敗は経常利益に反映されないという不合理な結果になってしまいます。

したがって、筆者には、「経常利益は経営者の経営成績を示す」などというのは、欺瞞に満ちているとしか思えません。

その結果、筆者は、経常利益をろくに見ないで、売上高、営業利益、当期純利益の三項目をなによりも重視するようになったのです。

ただし、これはあくまでも筆者の個人的な読み方です。これなども基本的には、読み手の自由です。筆者も自分の意見を読者の皆さんにおしつけようとは思いません。

くりかえすようですが、損益計算書にあるすべての情報が、一律の重要性を持っているのではありません。損益計算書には、重要なものと瑣末なものが混在しているということを理解しつつ、読み手が重要だと判断した項目を中心に、損益計算書を読むのがいいということを知っていただきたいと思います。

そのなかで、筆者個人は、売上高、営業利益、当期純利益の三項目を、ほかのどの項目よりも重要な項目として損益計算書を読んでおり、これを披瀝《ひれき》したということです。

ここまでのおさらい

以上が、筆者が本書で述べたい主要テーマでありました。もういちど、本書の主要テーマのおさらいを一四八〜一四九ページに掲げておきました。

筆者が、本書でお話をしたかった会計の知識は以上であります。

あとは読者の皆さんが、自分が関心をもった会社の決算書をじっさいに読んで、その経験を重ねながら、決算書を読むための技能（スキル）を伸ばしてゆかれることをお勧めします。

第六章　データは比較しないとおもしろくない

企業集団の決算書も読み方は同じ

ところで、左ページには、T社の連結損益計算書が掲載されています。

前章までに紹介したT社の決算書は、T社という一つの会社の決算書でしたが、この連結損益計算書は、T社のみならず、T社の子会社をも含んだ、その企業集団（T社グループ）の損益計算書です。

大手の企業は、自社の事業を営むとき、その事業を自分の会社だけで行なうこともあれば、子会社を設立して、これに事業を営ませる場合もあります。

子会社に事業を営ませる場合には、親会社の決算書を読むだけでは不十分であり、子会社の決算書をも読む必要が出てきます。

しかし、それは、読み手にとっては不便極まりないことなので、今日の上場会社は、連結決算書（もしくは連結財務諸表）といって、親会社と子会社を含んだ企業集団の決算書を作成して、これを開示しています。

とはいえ、この連結決算書の読み方も、基本的には、前章までに説明した決算書の読み方と同じです。ですから、これなども、ことさら難しく考える必要はありません。

T社
損益計算書
自：平成18年4月1日
至：平成19年3月31日

（単位：百万円）

	連結決算書 金額	百分比（%）	T社単体 金額
売上高	242,071	100.0	194,356
売上原価	82,224	34.0	65,681
売上総利益	159,850	66.0	128,675
販売費及び一般管理費	137,493	56.8	107,188
営業利益	22,357	9.2	21,507
営業外収益	5,617	2.3	6,559
営業外費用	3,049	1.2	539
経常利益	24,926	10.3	27,527
特別利益	4,223	1.7	67
特別損失	152	0.1	129
税引前当期純利益	28,996	12.0	27,465
法人税等	13,796	5.7	10,716
当期純利益	15,420	6.4	16,749

データは比較しないとおもしろくない

筆者が、本章で説明したいのは、連結決算書のことではなく、連結決算書であれ、個別の決算書であれ、**決算書データというのは、比較しないとおもしろくない**という点です。

そもそも、決算書は、一種類だけを読んでも、たいしておもしろくありません。たとえば、T社の場合、平成一九年三月期の連結損益決算書より、つぎの数値が得られました。

営業利益　二二四億円

これまでの説明で、営業利益というのは、会社の主たる事業活動によって獲得された利益であるという知識は得られました。とはいえ、その金額が二二四億円だと聞かされても、全然ピンときません。かりに、決算書にそう書いてあっても、「ああそうなの」とやり過ごすだけに終わってしまいます。

ところが、これを何かと比較すると、すこし、おもしろくなります。

たとえば、つぎのように、他社のデータと比較してみるとどうでしょう。

比較した製薬会社の売上高等

（単位：億円）

	決算期	売上高	営業利益	売上高営業利益率
（大衆薬の製薬会社）				
T社	H19.3月	2,421	224	9.2%
エスエス製薬	H19.3月	513	25	4.9%
日水製薬	H19.3月	143	12	8.4%
（そのほかの製薬会社）				
第一三共	H19.3月	9,295	1,363	14.7%
武田薬品	H19.3月	13,052	4,585	35.1%
アステラス製薬	H19.3月	9,206	1,905	20.7%
中外製薬	H19.12月	3,448	667	19.3%
エーザイ	H19.3月	6,741	1,053	15.6%

T社は、大衆薬のトップ企業なので、同業他社のエスエス製薬、日水製薬などは、いずれも、T社よりも取引規模と利益水準が小さいことがわかります。

	(売上高)	(営業利益)
T社	二、四二一億円	二二四億円
エスエス製薬	五一三億円	二五億円
日水製薬	一四三億円	一二億円

これで、大衆薬業界におけるT社の存在がいかに大きいかが実感できるはずです。

つぎに、収益力を比較しましょう。

大衆薬の同業他社との規模には、かなりの格差があるので、金額での比較をやめて、売上高営業利益率を比較しますと、

T社	九・二パーセント
エスエス製薬	四・九パーセント
日水製薬	八・四パーセント

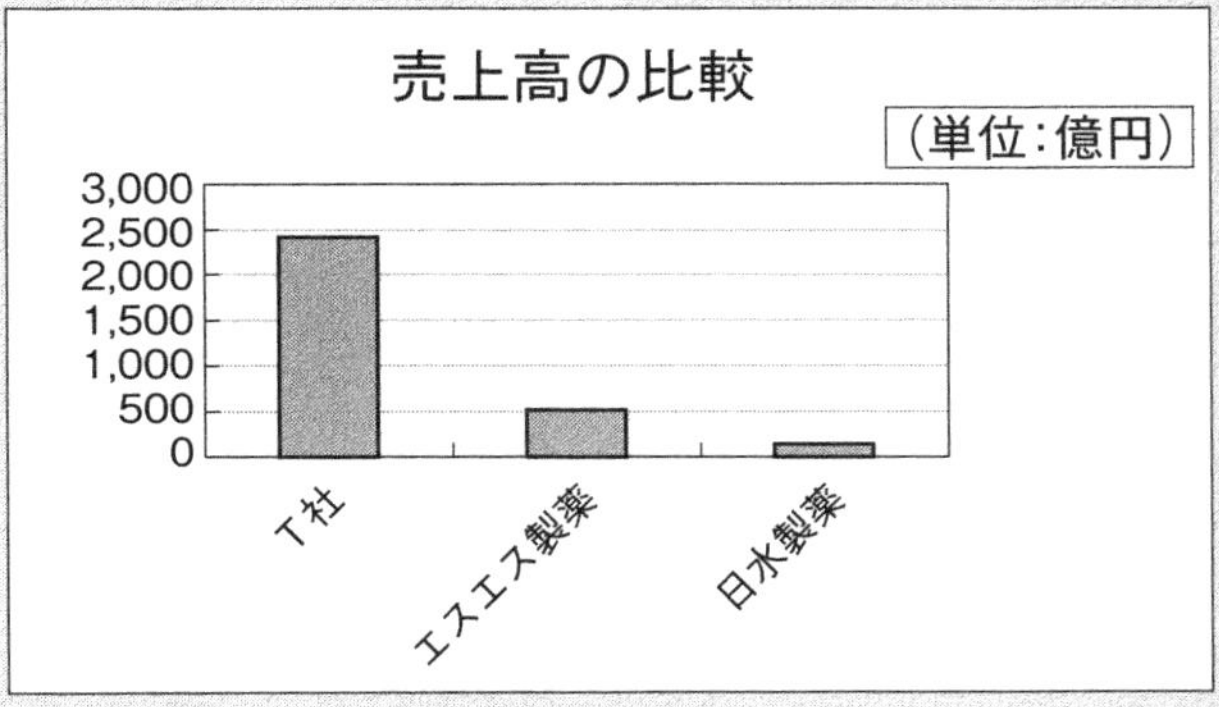

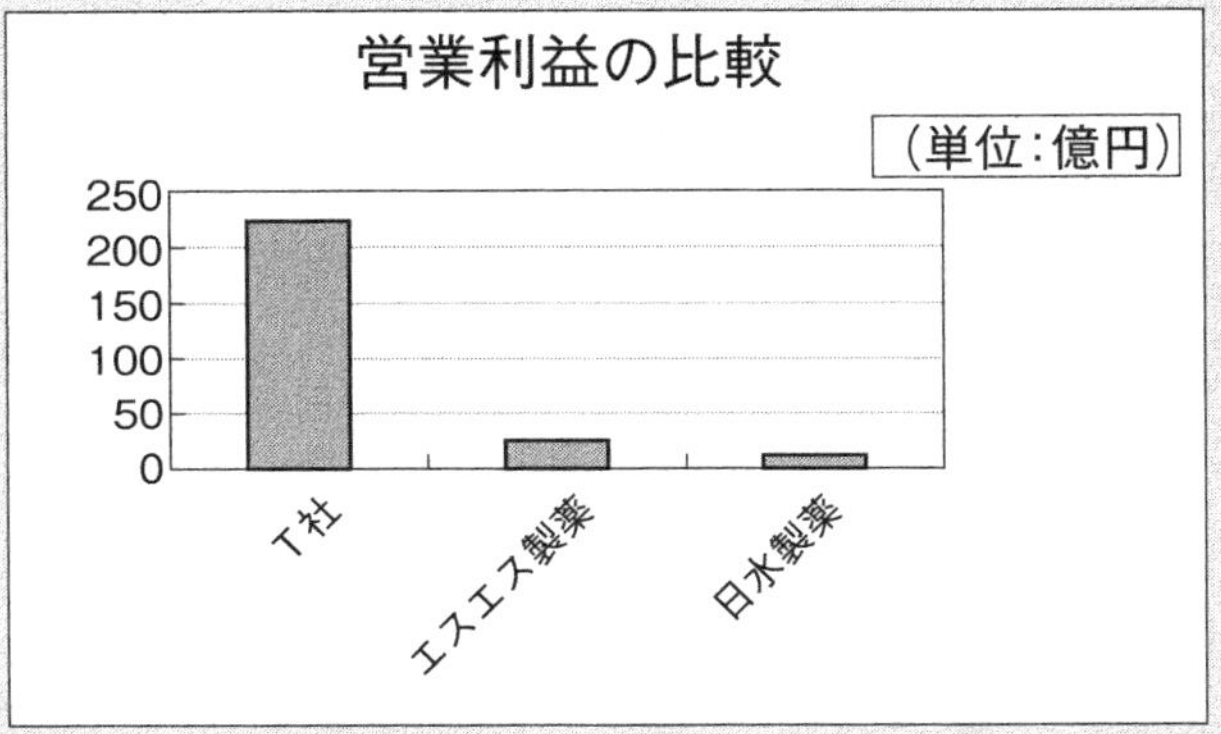

売上高、営業利益ともT社が同業他社を凌駕

となり、やはり、率の面でもT社が他社を凌駕《りょうが》していることがわかります。

このように、T社は、日本の大衆薬では横綱ともいえる会社です。

ところが、大衆薬以外の製薬会社までをも含めると、T社をはるかに凌駕する会社が雲集していることがわかります。（金額は売上高。パーセント表示は売上高営業利益率）

第一三共	九、二九五億円	（一四・七パーセント）
武田薬品	一三、〇五二億円	（三五・一パーセント）
アステラス製薬	九、二〇六億円	（二〇・七パーセント）
中外製薬	三、四四八億円	（一九・三パーセント）
エーザイ	六、七四一億円	（一五・六パーセント）

このデータを見ると、大衆薬の市場は、製薬市場全体の一部であり、製薬業界全体を見ると、まだまだ強力な会社が何社も存在していることがわかります。

このように、分析の対象となった会社の決算書データをほかのいろいろな会社と比較することで、その会社の姿をより明確に捉えることができるようになります。

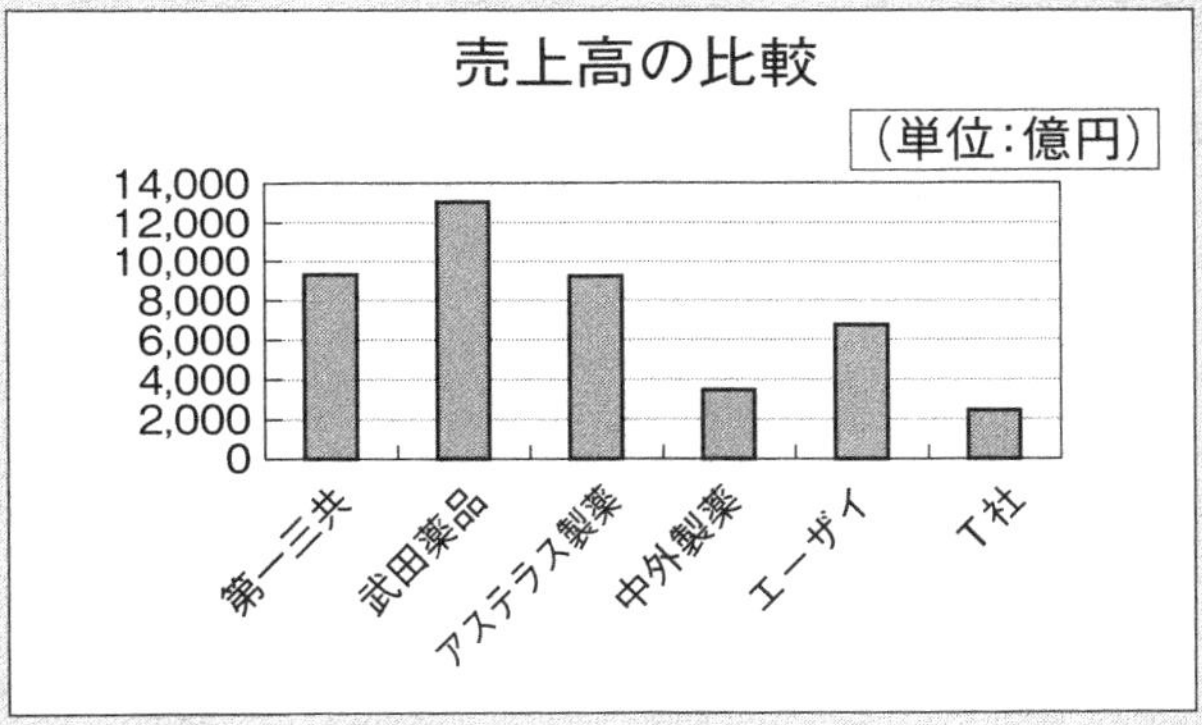

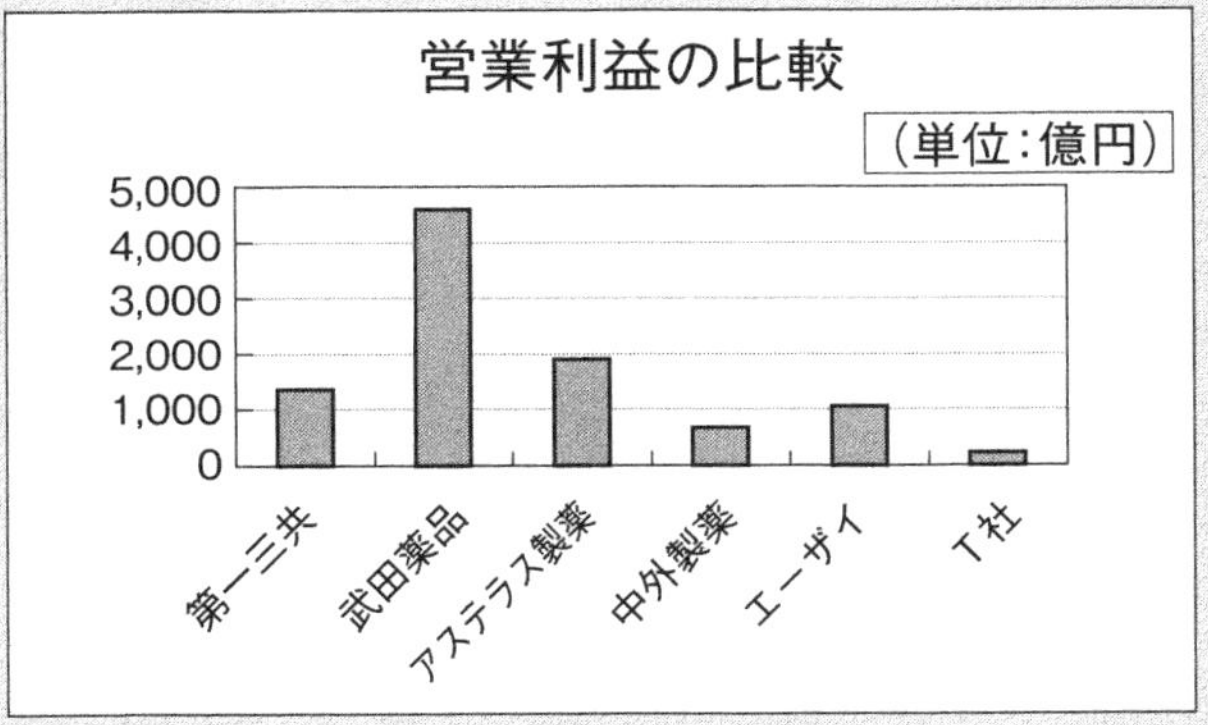

製薬業界には、T社を凌駕する大企業が雲集している

事業年度ごとの比較

また、同じ会社の決算書データを事業年度ごとに比較することも有効です。

左ページには、平成一六年三月期から平成一九年三月期までの、T社の連結損益計算書における売上高、営業利益および売上高営業利益率を表示しましたが、いずれの値も、減少傾向を示していることがわかります。

売上も利益も減少していることは、近年のT社が苦戦していることを意味します。

おそらく、T社の社内では、業績を回復させようという経営努力が懸命に行なわれているにちがいありません。

あるいは、T社の経営者は、この状況を「創業以来の大ピンチ！」などと捉えているかもしれません。

筆者などは、これを見て、

（業績が悪化した状況でもこんなに利益率が高いのか）

と感嘆してしまったのですが、それは、平素より、もっと経営に苦労している会社の決算書をたくさん読んでいるからです。

T社：連結売上高・営業利益の推移

（単位：億円）

区分	H16.3月期	H17.3月期	H18.3月期	H19.3月期
Ⅰ　売上高	2,864	2,794	2,714	2,421
Ⅱ　売上原価	850	849	867	822
売上総利益	2,014	1,946	1,847	1,599
Ⅲ　販売費及び一般管理費	1,437	1,399	1,383	1,375
営業利益	577	547	464	224

売上高営業利益率	20.1%	19.6%	17.1%	9.2%

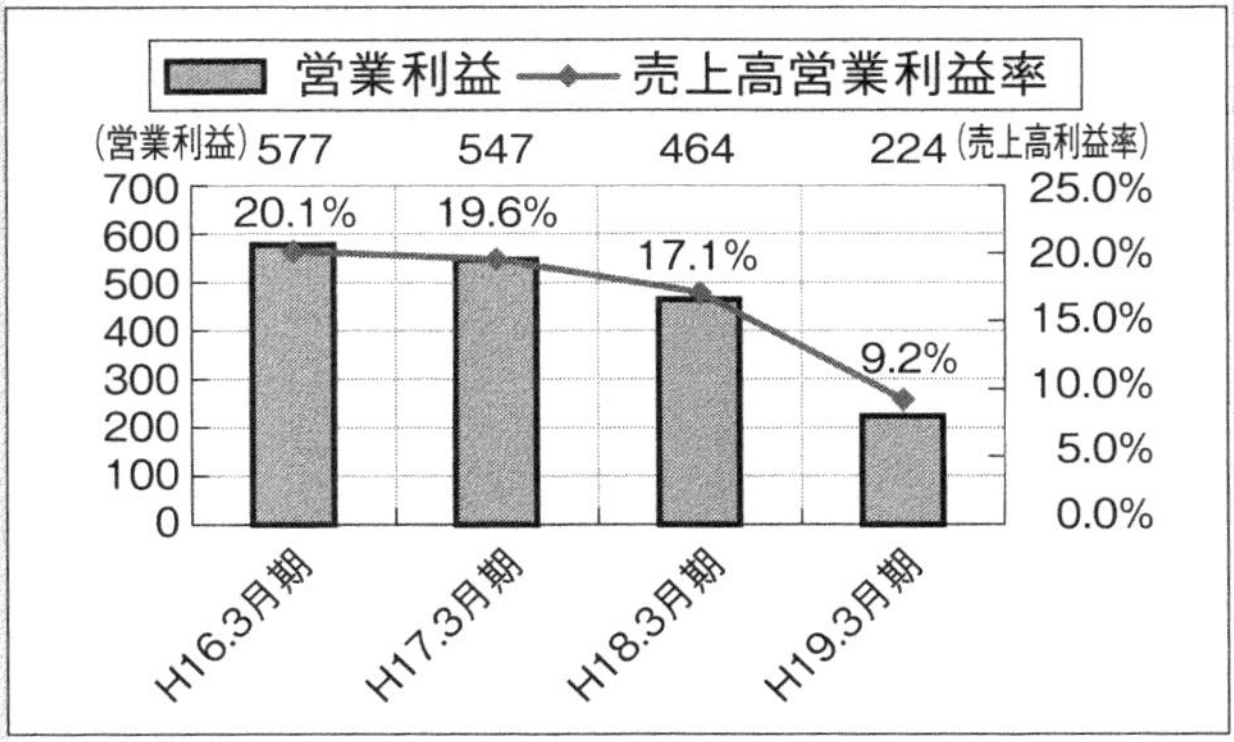

意外なことに、近年のT社は苦戦！

たとえば、左ページのデータをご覧ください。世間一般の会社の多くは、業績の悪化傾向が続いているT社よりも、はるかに利益率の低い状況で経営をしています。

平成一九年三月期におけるT社の売上高営業利益率は、以前よりも悪化しており、九・二パーセントでした。

それでも、平成一九年当時、表中の有名企業のなかでは、売上高営業利益率が九・八パーセントの花王を除き、売上高営業利益率では、業績が悪化しているT社に及ばなかったのです。

ちなみに、一六五ページに掲げた会社のなかには、ダメ会社は一社もなく、むしろ、輝ける日本企業ばかりです。

それほどまでに、T社の利益体質は強力だったのです。これが世間並みに落ち着きつつあるということを、T社の損益の推移が物語っているといえます。

このように、決算書のデータは、いろいろ比較することが大切です。

決算書というのは、比較の対象がないと、無味乾燥なものです。比較するからこそ、経営内容を明瞭に捉えることができます。

ですから、たった一社の、たった一期の決算書を読むのではなく、いろいろ比べてみることをお勧めします。

有名企業の売上高営業利益率
（平成19年当時）

社　名	売上高営業利益率	会社紹介
キリンビール	6.7%	アサヒビールが台頭する前は、ダントツの1位。現在も首位争いをするビール業界の雄は、昔から優良企業の代名詞のようにいわれてきた
アサヒビール	5.9%	万年3位で、しかも、最下位に近い位置から、歴史的なヒット商品で首位へ。世間の誰もが予想しなかった、伝説的な躍進劇を演じた会社
キッコーマン	5.5%	5強が市場を支配するといわれる醤油業界の首位。しかも、2位から5位までの会社の売上と利益をすべて合算しても、1位のキッコーマンに及ばないといわれるほどのガリバー
王子製紙	5.0%	創業明治６年。戦前に巨大企業になるも戦後の過度経済力集中排除法により分割。その歴史が、そのまま日本の産業界の歴史といえる名門企業
花王	9.8%	トイレタリー首位、化粧品2位。ディスクロージャーの分野でもつねに優等生といわれた不況知らずの優良企業
ライオン	2.6%	ビートルズ来日のときの冠スポンサー。歯磨粉で日本一。トイレタリー3位。そのほかにも、「バファリン」などのヒット商品を有する
パナソニック	5.0%	創業者は経営の神様といわれた松下幸之助氏。「企業は社会の公器である」という理念のもと、世界的な会社になった日本を代表する家電メーカー

花王の9.8%を除き、いずれもＴ社の9.2%に及ばない

決算書データの入手方法

なお、インターネットの普及している今日では、上場している会社の決算書データは、誰でも容易に入手できます。

上場会社のなかには、自社の決算書をホームページで公開している会社がたくさんあります。

また、ＥＤＩＮＥＴ（http://info.edinet-fsa.go.jp/）を検索すれば、上場している会社が金融商品取引法にもとづいて作成した開示資料をぜんぶ閲覧することが可能です。そのなかに、有価証券報告書があり、財務の主要データと決算書類が閲覧できるようになっています。

相変わらず、くどい忠告をするようですが、有価証券報告書には、膨大な情報が織り込まれています。けっして、その全部を読むということをしないでください。

まずは、そのなかにある「主要な経営指標等の推移」などをざっと見て、決算書（連結貸借対照表、連結損益計算書）をご覧いただきたいと思います。

第七章　経営に失敗した会社の決算書を読む

N社の業績の推移を読む

前章までは、業績が良好であり、経営が安定していたT社の決算書類を中心に、その読み方を説明してきました。

T社は、近年、若干、業績が下落傾向を示していたものの優良企業でありました。

本章では、T社とは反対に、深刻な経営難に陥った会社の決算書を読んでみたいと思います。

そこで、貸借対照表の自己資本比率のところ（八八ページ）で、引き合いに出した英会話スクールのN社の決算書を入手して、これを分析したいと思います。

ちなみに、N社は、平成一九年一〇月に会社更生法を申請し、上場廃止となりました。

筆者は、上場廃止直前の四期分の連結損益計算書を入手しました。連結損益計算書というのは、その会社のみならず、その子会社などをも含めた企業集団の決算書だということは、前述したとおりです。

会社の経営の実態をより明確に表すのは、個別の決算書よりも連結決算書ですので、以下、N社の連結決算書のデータを用いて、N社の決算書類を読んでみましょう。

N社
連結損益計算書

（単位：百万円）

		平成16年3月期	平成17年3月期	平成18年3月期	平成19年3月期
Ⅰ	売上高	70,600	75,275	69,812	57,065
Ⅱ	売上原価	38,543	42,934	40,304	34,274
	売上総利益	32,057	32,340	29,508	22,790
Ⅲ	販売費及び一般管理費	30,548	31,899	31,704	25,380
	営業利益	1,509	441	△2,196	△2,589
Ⅳ	営業外収益	528	769	976	1,947
Ⅴ	営業外費用	561	286	251	569
	経常利益	1,476	924	△1,471	△1,211
Ⅵ	特別利益	26	130	31	35
Ⅶ	特別損失	214	248	1,651	1,066
税引前当期純利益		1,288	806	△3,091	△2,241
	法人税等	839	603	-21	254
	当期純利益	449	204	△3,070	△2,495

真っ先に損益計算書の売上高を見てみましょう。

平成一六年三月期には、七〇六億円あった売上が、平成一七年三月期に七五二億円に上昇しましたが、そのあと、六九八億円、五七〇億円と急落しております。

たった二年のあいだに、七五二億円もあった売上高が、五七〇億円にも減少しています。下げ幅は、一八二億円もあり、じつに四分の一の売上を失うという状況にありました。

会社を支えるサポーター

売上高の増減というのは、とても重要なシグナルです。

そもそも、会社というのは、サポーターによって、成り立つものです。

そのサポーターには、およそ三とおりのものがあることは、前述しました。

一つ目のサポーターは、債権者です。これは、経営者、従業員、金融機関、仕入先その他などです。かれらは、会社にたいして、物資やサービスを提供してお金を受け取っています。

二つ目のサポーターは、株主や投資家です。

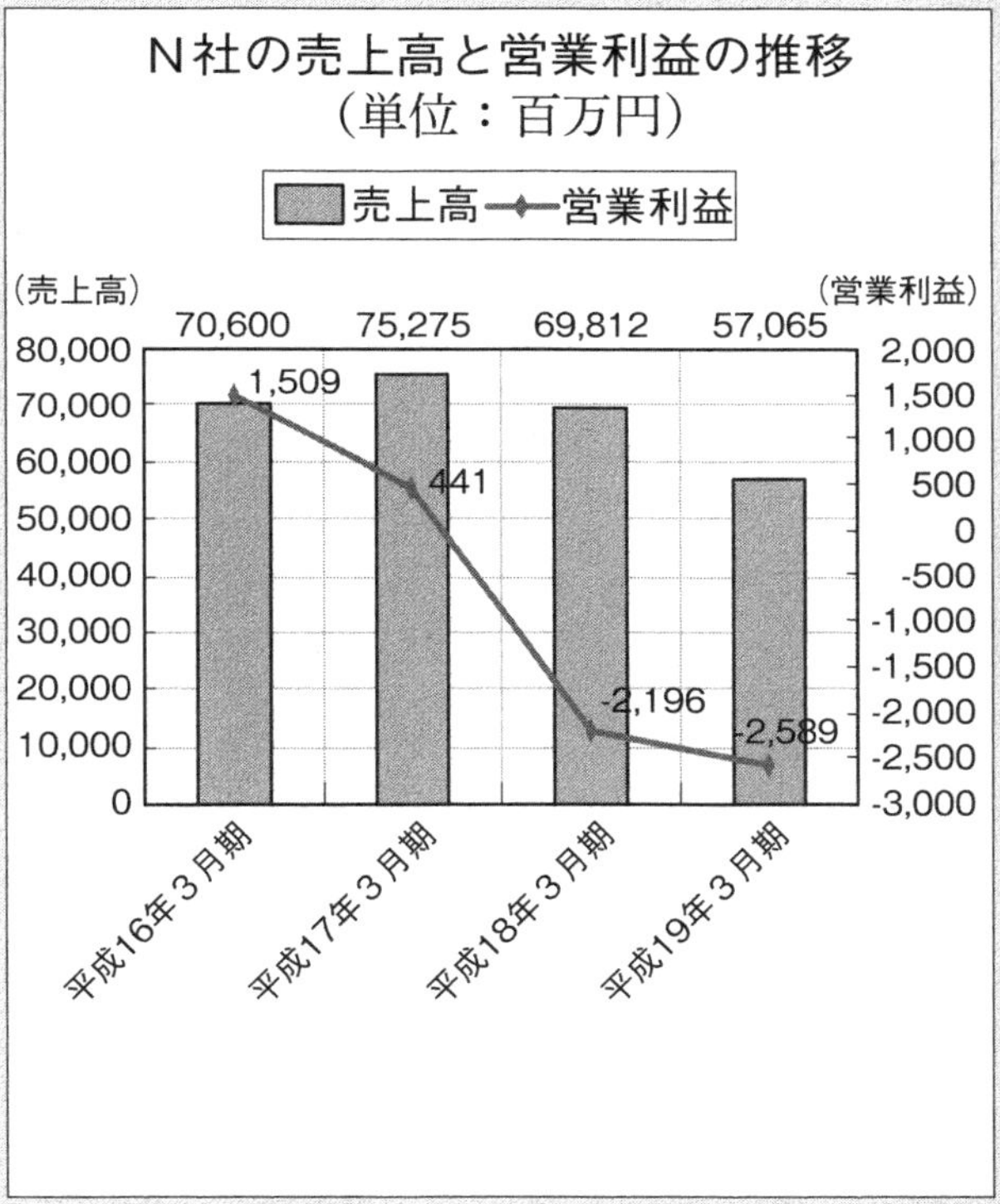

平成17年3月期が売上のピーク。営業利益は一貫して急降下

三つ目のサポーターは、顧客です。

これらのサポーターによる支援は、債権者は負債、株主や投資家は資本、顧客は収益という試算表の貸方（右側）の三項目に対応していますが、会社というのは、これらのサポーターの支援なしには成り立ちません。

このなかで、会社の業績の良し悪しを大きく左右するのは、顧客の支援度合いです。売上を下落させてしまっている会社というのは、顧客からの支援を失っている状況を如実に表していることが多いのです。

売上の下落が意味するもの

その理由は、会社によっていろいろですが、N社の場合には、これがはっきりしております。

当時のN社は、売上高を下落させる平成一八年よりも前の段階で、受講を申し込んだ顧客との間にトラブルを数多く抱えていたようです。

たとえば、インターネットのウィキペディアでN社を調べると、つぎのような記述がありました。

N社は急成長を続ける陰で、契約者と「事前説明と違いぜんぜん受講予約が出来ない」「解約の際、ポイント購入時と解約時でポイント単価を別々に計算され、解約金が戻ってこない」などのトラブルを抱えるようになった。国民生活センターなどへは大量の苦情が寄せられていたが、改善は行われなかった。

このようなトラブルは顧客の支持を失わせる大きな要因になります。顧客の支持を失うと、売上高は減少します。

売上下落の原因には、会社の外的要因（景気動向など）によるものと、内的要因（会社の行動など）によるものがあります。

売上高の変動が著しい会社の損益を見るときに、その変動が何によってもたらされたのかを吟味するのは、きわめて重要な作業です。このようなウィキペディアの記述を見る限り、当時のN社では、宣伝内容とじっさいの提供業務が異なるという典型的な内的要因によって、顧客の支援が減少した可能性があります。売上の急激な減少は、赤字経営の原因になってゆきます。

売上が増加したのに、どうして利益は下落した？

ところで、筆者が気になったのは、N社の売上高が下落する少し前の平成一六年三月期から平成一七年三月期にかけては、売上高が七〇六億円から、七五二億円に増加したにもかかわらず、営業利益が一五億円から、四億円に大きく減少してしまったという事実です。

ふつう、売上が増加すると、利益も増加するはずなのに、N社の場合は、その逆の事象が生じていました。これには、なにか特殊な事情が起きていたことが考えられます。

そこで平成一六年三月期と平成一七年三月期の販売費及び一般管理費を見ると、これが三〇五億円から三一八億円へと一三億円増加しており、減益の最大要因になったことがわかります。

これをもう少しくわしく見るために、連結損益計算書に記載されていた販売費及び一般管理費の内訳をみると、左ページに掲げた表のとおりでした。

増加している項目は、給与手当、広告宣伝費、賃借料、その他の項目です。

そのなかで、人件費、賃借料などの増加は、何によってもたらされるかというと、人員と店舗の増加です。

N社
販売費及び一般管理費の比較

（単位：億円）

	平成16年3月期	平成17年3月期	差額	備考
1．給与手当	72	74	2	増加
2．賞与引当金繰入額	5	5	0	
3．退職給付費用	1	1	—	
4．広告宣伝費	108	110	2	増加
5．減価償却費	11	11	—	
6．賃借料	36	40	4	増加
7．貸倒引当金繰入額	1	0	-1	
8．連結調整勘定償却	0	0	—	
9．その他	70	77	7	増加
合　計	305	319	14	

平成16年3月期から平成17年3月期にかけて、給与手当、広告宣伝費、賃借料などが増加している

このとき、N社は、顧客とのトラブルの解消が困難であるという状況下にありながらも、新規店舗を増やしていたことがわかります。その結果、N社は全体としての売上を増加させながらも、業績をダウンさせてしまったのです。

N社の迷走

ここで筆者は、このあたりの事情をもう少しくわしく知りたいと思ったので、決算書の分析を中断し、N社の有価証券報告書のなかにある「業績等の概要」の記述内容を閲覧しました。

その結果、平成一八年三月期の有価証券報告書の「業績等の概要」に、つぎの記述をみつけました。

> 当社では、平成一六年一〇月（前期第3四半期）に出店計画を大幅に見直し、年間四〇〇の新店開発を行うという意思決定を行いました。
> 当期（平成一八年三月期）は、その計画を踏襲し、平成一六年一〇月から平成一七年

一〇月の一年余りの間だけでも、全国約三〇〇ヵ所に及ぶ新規拠店を出店し、結果、平成一六年三月末日時点で六二三校であった駅前留学の拠店数は、平成一八年三月末日時点では九九四校となりました。

この記述は驚愕するような内容でした。

わずか二年で六二三店舗を九九四店舗に増やしたということは、店舗数は、従来より六〇パーセントも増加したということになります。そんなに店舗が増えたのであれば、売上高もそれと同じくらいに上昇するのがふつうです。

ところが売上は、七〇六億円から七五二億円になったとはいえ、その増加はたったの七パーセントでしかありません。ということは、この時期、既存の店舗の売上高の下落がいかに凄まじかったかをうかがい知ることができます。

先に紹介したウィキペディアの「国民生活センターなどへは大量の苦情が寄せられていたが、改善は行われなかった。」という記述が事実だとするならば、N社は、既存店舗に生じていた重要問題を解決しないままに、新店舗を大々的に開いて新規売上高の獲得に全力投球をしてしまいました。これは、けっして正しい行動ではなく、自殺行為でした。この段階で、N社の倒産は、時間の問題になってしまったと考えられます。

話がすこし横道にそれるようですが、かつてタイタニック号が氷山にぶつかったときには、船が沈没するまでの間に、三時間程度を要しました。同じように、会社の経営者が、現実に会社の命を断ってしまうような経営行動をとってから、じっさいに倒産するまでの間には、何年かのタイムラグがあります。

このように、N社がじっさいに倒産したのは平成一九年でしたが、一連の決算書を分析する限り、破綻そのものは、実質的には平成一七年に生じてしまっていたと思われます。

N社の財政状態

つぎにN社の連結貸借対照表を見てみましょう。

一八〇～一八一ページに掲げた貸借対照表は、会社が破綻する前の平成一六年三月期(平成一六年三月末)のものです。

まず、資産、負債、資本の大小関係を見るために、自己資本比率(資本合計を資産合計で割る)を計算しましょう。

自己資本比率

$\frac{9,272,455}{63,672,741}$

≒15%

（注）本文の88ページで計算した5%というのは、平成19年3月のデータによるものである

自己資本比率は一四・六パーセントであり、幾分、財政基盤が弱いという印象を受けます。

つぎに、金額の大きな項目（さしずめ一〇〇億円を超えるもの）を中心に、貸借対照表を見てみます。

まず、資産の主要項目から。

N社の平成一六年三月三一日における総資産は六三六億円ありましたが、そのうち一〇〇億円を超える項目を拾い上げると、現金及び預金、有形固定資産合計、敷金及び差入保証金の三項目が挙げられました。

まず、現金及び預金は、会社の金庫に保管されている現金と銀行に預けてある預金のこ

	（平成16年３月31日）	
区分	金額（千円）	
(4) 敷金及び差入保証金		14,877,373
(5) 繰延税金資産		190,949
(6) その他		1,281,325
(7) 貸倒引当金		△245,651
投資その他の資産合計		18,848,579
固定資産合計		34,622,285
資産合計		63,672,741
（負債の部）		
Ⅰ　流動負債		
１．支払手形及び買掛金		2,660,837
２．短期借入金		4,639,100
３．未払法人税等		813,753
４．繰延駅前留学サービス収入		20,283,379
５．賞与引当金		596,651
６．その他		6,380,796
流動負債合計		35,374,518
Ⅱ　固定負債		
１．長期借入金		1,242,200
２．長期繰延駅前留学サービス収入		15,056,706
３．退職給付引当金		349,369
５．その他		2,377,492
固定負債合計		19,025,768
負債合計		54,400,286
（資本の部）		
Ⅰ　資本金		5,000,000
Ⅱ　資本剰余金		2,039,012
Ⅲ　利益剰余金		2,073,509
Ⅳ　その他有価証券評価差額金		184,211
Ⅴ　自己株式		△24,277
資本合計		9,272,455
負債、少数株主持分及び資本合計		63,672,741

【連結貸借対照表】

	（平成16年３月31日）	
区分	金額（千円）	
（資産の部）		
Ⅰ　流動資産		
1．現金及び預金		15,952,102
2．受取手形及び営業未収入金		7,343,264
3．有価証券		316,364
4．たな卸資産		2,109,294
5．繰延税金資産		430,574
6．その他		3,056,946
7．貸倒引当金		△158,089
流動資産合計		29,050,456
Ⅱ　固定資産		
1．有形固定資産		
(1) 建物及び構築物	10,787,817	
減価償却累計額	3,875,518	6,912,299
(2) 機械装置及び運搬具	9,428	
減価償却累計額	8,956	471
(3) 工具器具備品	6,710,076	
減価償却累計額	3,384,792	3,325,283
(4) 土地		4,602,760
(5) 建設仮勘定		11,530
有形固定資産合計		14,852,345
2．無形固定資産		
(1) ソフトウェア		716,042
(2) 電話加入権		154,361
(3) 連結調整勘定		29,479
(4) その他		21,477
無形固定資産合計		921,360
3．投資その他の資産		
(1) 投資有価証券		1,884,508
(2) 長期貸付金		74,465
(3) 長期営業未収入金		785,609

とです。これが、平成一六年三月三一日に、一五九億円ありました。

つぎに、有形固定資産は、自社で所有する建物およびその付属物（エレベーターなど）、器具備品（パソコン、教室の机や椅子など）といった形のある（有形の）資産で、一年を超える期間にわたって使用されるものです。N社は英会話学校を営んでいましたので、このような資産をたくさん用意しておく必要がありましたが、これが平成一六年三月三一日に一四八億円あったのです。

さらに、敷金及び差入保証金の金額も大きいです。これは、貸しビルの一角を借りて教室を開くときに、ビルのオーナーにたいして差し入れる敷金のことです。これが、平成一六年三月三一日に一四八億円ありました。

ほかでは見られない不思議な負債

つぎに、負債の部を見てみましょう。負債の合計は、五四四億円ですが、そのうち一〇〇億円を超える大きなものは、つぎの二項目です。

繰延駅前留学サービス収入　二〇二億円

N社：主要な（100億円超の）資産と負債

	（平成16年３月31日）
区分	金額（千円）
（資産の部）	
	：
１．現金及び預金	15,952,102
	：
有形固定資産合計	14,852,345
	：
（4）敷金及び差入保証金	14,877,373
	：
資産合計	63,672,741
（負債の部）	
	：
４．繰延駅前留学サービス収入	20,283,379
	：
２．長期繰延駅前留学サービス収入	15,056,706
	：
負債合計	54,400,286
（資本の部）	
Ⅰ　資本金	5,000,000
Ⅱ　資本剰余金	2,039,012
Ⅲ　利益剰余金	2,073,509
資本合計	9,272,455
負債、少数株主持分及び資本合計	63,672,741

長期繰延駅前留学サービス収入　一五〇億円

このような負債の勘定科目は、他の会社の貸借対照表には見られない特殊な勘定科目です。

まず、「繰延駅前留学サービス収入」というのは、英会話レッスンの受講者（顧客）が、受講料をN社に前払いしたお金のことです。

このお金を受け取ったとき、N社は、試算表の貸方の負債の科目として、これを表示します。

そもそも受講者より受け取る受講代金は収益になりますが、受講者が代金を前払いする場合においては、これを受け取った会社は、「英会話のレッスンをするという義務」を果たす必要があります。よって、お金を受け取った時点においては、収益ではなく、負債です。

これが、「繰延駅前留学サービス収入」という負債の勘定科目で表記されます。

そして、英会話のレッスンが終了したところで、その義務から解放されて、受講者から受け取ったお金をもらいっぱなしにしてもいいことになります。この時点で、負債であった繰延駅前留学サービス収入は収益（売上高）に変わります。

また、長期繰延駅前留学サービス収入という勘定科目がありますが、これは、受け取ったお金に対する義務の履行時期が長期化（一年以上先）しているものです。

N社の場合、一年以内に英会話レッスンを行なうことを予定して受け取った繰延駅前留学サービス収入が二〇二億円あり、もっと先に、英会話レッスンを行なうことを予定して受け取った長期繰延駅前留学サービス収入が一五〇億円あったということになります。両者を合計すると、三五二億円にもなり、負債の大半を、顧客からの代金前払いによる収入が占めています。

料金前受け

筆者は、これを見たとき、

（一年以上も先のサービスの代金を前受けできるなんて凄いな）

と思ったものです。

ふつうの会社では、一年以上も先に提供されるサービスの代金を前受けすることは、容易にはできません。

たいていの場合には、顧客が求める仕事をやり終えたあとで、代金の請求権を獲得します。そこで、やっと試算表の借方に売掛金（資産）が、貸方に売上高（収益）が計上されるのです。

ところが、N社の場合には、あらかじめ代金を払った人だけに英会話のレッスンをするという方法をとっておりました。

このような商売は、いわゆる「タダ乗り」を防ぐために効果的な方法です。とくに英会話学校などのように、不特定多数の顧客を相手にする事業では、あらかじめ受講料を受けておかないと、受講料を取りっぱぐれるということが起きやすいのです。そのため、N社は、受講料前受けのシステムを採用していました。

N社に限らず、不特定多数の顧客を相手にする事業は、いずれも、あらかじめ代金を受け取るというシステムをとっています。たとえば、スーパーやコンビニなども、顧客がレジで代金を払ったあとで、顧客に商品を持ち帰ることを許しています。映画館や電鉄会社なども代金を前受けしています。

とはいえ、一年以上先のレッスン料金までをも先に受け取るというのは珍しいのではないでしょうか。その結果、両方の負債を合計すると、三五二億円（繰延駅前留学サービス収入の二〇二億円と長期繰延駅前留学サービス収入の一五〇億円の合計）もの資金が集まっていたのです。

トラブルがなければ負債はなくなるはずだった

これらの負債は、お金で返す負債ではなく、仕事をして返す負債であって、仕事をすれば収益になるという性格の負債です。

したがって、お金を工面して返済する算段をせず、契約にもとづいて英会話のレッスンをしていれば、自動的に収益に変換されてゆきます。

N社の負債はぜんぶで五四四億円でしたが、そのうちの三五二億円が、そのような負債で占められているのですから、N社の貸借対照表は特殊でした。

おそらく、平成一六年三月までのN社においては、たとえ自己資本比率が一四・六パーセントの低水準であっても、会社の経理部門では、負債の返済の算段に頭を悩ますということは、ほとんどなかったにちがいありません。

むしろ、「お金で返済しないでいい」という負債で入ってきた多額の資金を、どう運用すべきかのほうが、経営者にとっては重大な関心事であった可能性があります。

このような潤沢な資金があったからこそ、急激な店舗の拡大路線も容易にとりえたのでしょう。

ところで、ここで紹介した、貸借対照表の主要項目を、左ページのように、四期分を並べて分析してみましょう。

ここで、注目したいことは、この四期の貸借対照表を見ると、負債のなかでも金額のいちばん大きかった、繰延駅前留学サービス収入と長期繰延駅前留学サービス収入が、両方とも金額を減らしていったということです。

まず、繰延駅前留学サービス収入は、つぎのようでした。

平成一六年三月期　二〇二億円
平成一七年三月期　一九一億円（前期より一一億円減少）
平成一八年三月期　一八四億円（前期より　七億円減少）
平成一九年三月期　一五〇億円（前期より三四億円減少）

つぎに、長期繰延駅前留学サービス収入は、つぎのように推移しました。

平成一六年三月期　一五〇億円
平成一七年三月期　一四二億円（前期より　八億円減少）

N社：主要な資産と負債の推移

（単位：百万円）

区分	平成16年3月期	平成17年3月期	平成18年3月期	平成19年3月期
（資産の部）				
I　流動資産				
1．現金及び預金	15,952	14,716	13,869	4,067
有形固定資産合計	14,852	16,737	16,430	14,967
(4) 敷金及び差入保証金	14,877	16,199	16,405	15,195
資産合計	63,673	66,949	68,838	55,270
（負債の部）				
4．繰延駅前留学サービス収入	20,283	19,120	18,445	15,006
2．長期繰延駅前留学サービス収入	15,057	14,280	13,185	10,501
負債合計	54,400	57,942	63,027	52,446
（資本の部）				
I　資本金	5,000	5,000	5,000	5,000
II　資本剰余金	2,039	2,039	2,039	2,039
III　利益剰余金	2,074	2,021	-1,415	-3,910
IV　その他有価証券評価差額金	184	208	505	14
V　自己株式	-24	-261	-319	-319
資本合計	9,272	9,007	5,811	2,824
負債、少数株主持分及び資本合計	63,673	66,949	68,838	55,270

自己資本比率	14.6%	13.5%	8.4%	5.1%

平成一八年三月期　一三一億円（前期より一一億円減少）
平成一九年三月期　一〇五億円（前期より二六億円減少）

貸借対照表の主要な負債の金額は、毎年減少し続けましたが、N社に限っていうと、これは、同社が債権者の支持を失っていったことを表しています。

債権者と顧客が同じという特殊性

くりかえすようですが、これらの負債の債権者は、これから英会話のレッスンを受けようとしていた人たちです。つまり、N社の主要な債権者は、銀行や仕入先でなく顧客でした。顧客の支持が漸次《ぜんじ》減少していったことは、N社にとって、大きなダメージでした。

ふつうの会社は、負債で支える債権者、資本で支える株主、収益で支える顧客が、それぞれ別の人たちであることが多いのに対し、N社の場合には、顧客が収益と負債の双方を支えていたので、顧客の支持を失ったことによるダメージがいっそう大きくなってしまったのでした。

そのなかで、象徴的な事件が起きました。（次もウィキペディアからの引用です）

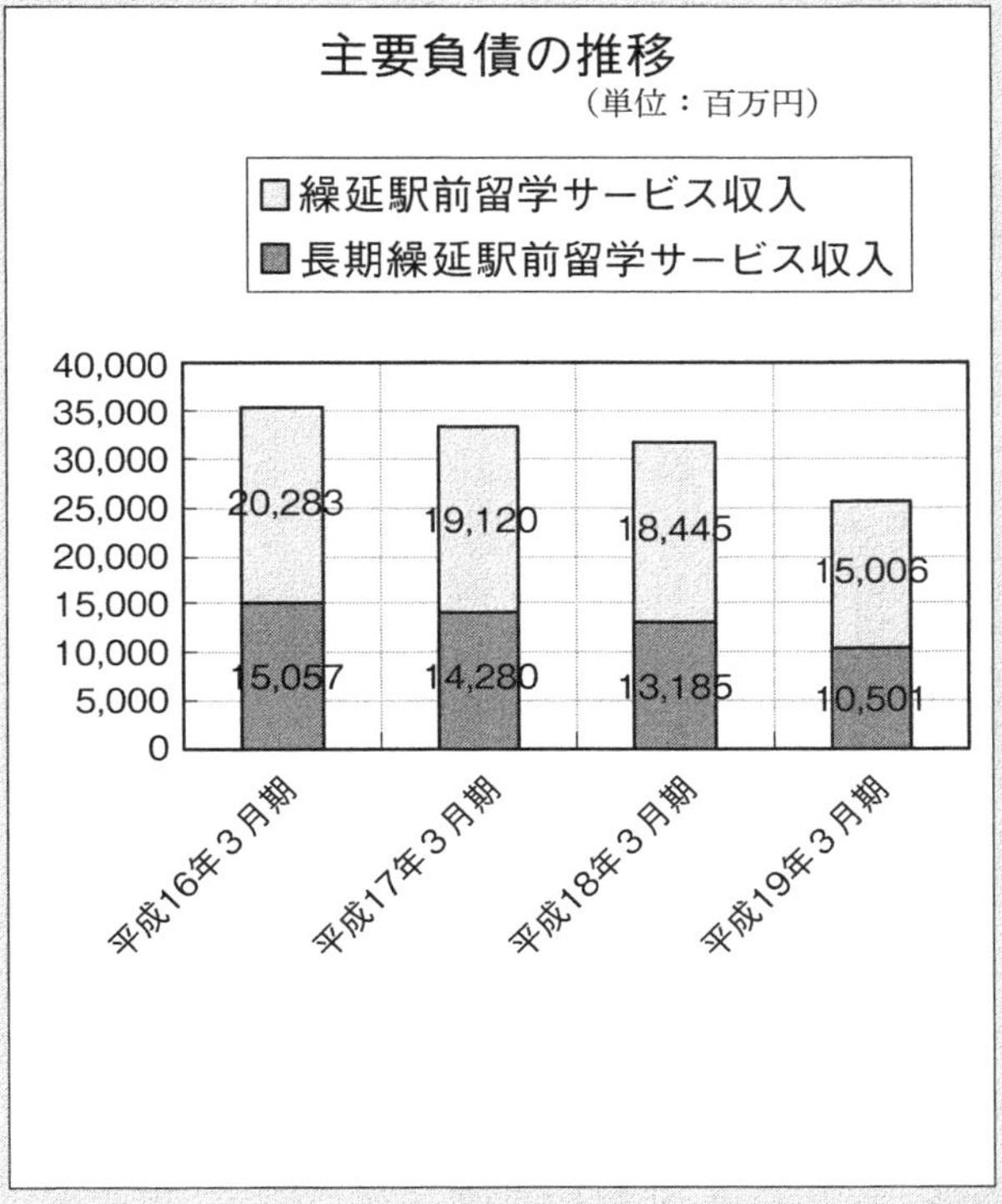

主要負債の２項目がはっきりと、下落傾向を示していた

二〇〇五年九月
九月二六日、東京地裁（原敏雄裁判長）は、受講契約を中途解約した東京都の男性が未受講分の受講料約六一万円の返還を求めた訴訟に対し、請求全額の支払いを命じる判決を言い渡している。

西暦二〇〇五年は、平成一七年ですから、この事件は、N社の平成一八年三月期に起きたことがわかります。これは、繰延駅前留学サービス収入と長期繰延駅前留学サービス収入の性格を根本的に変えてしまうできごとでした。

この判決が出る前、N社は、これらの負債は、お金で返済するものではなく、契約にもとづいてレッスンすることで消滅してしまう負債だと認識していたにちがいありません。それが、この判決によって、これまでのような負債ではなく、正式には、お金で返済することも算段しないといけない負債になってしまったのです。

このとき、N社は、「N社の迷走」の項で紹介した店舗の急拡大路線をほぼ終えた時期でした。

このあと、N社は、一気に破綻へと向かってゆきます。

主要資産の推移

ところで、この時期の資産の推移を見てみましょう。

平成一六年三月期から平成一七年三月期にかけては、有形固定資産も敷金及び差入保証金も増加しております。これは、前述したように、急激に店舗数を増大させたことによって生じた資産の増加です。

有形固定資産　一四八億円→一六七億円（一九億円増加）
敷金及び差入保証金　一四八億円→一六一億円（一三億円増加）

その後、平成一八年三月期に入ると、ほぼ横ばいになっており、さらに平成一九年三月期になると、有形固定資産も敷金及び差入保証金も減少しております。

有形固定資産　一六四億円→一四九億円（一五億円減少）
敷金及び差入保証金　一六四億円→一五一億円（一三億円減少）

これは、急激な業績の悪化を受けて、遅ればせながら、店舗を縮小したことによるものです。

平成一九年三月期の事業年度は、平成一九年三月に終了しており、その年の一〇月に、N社は、会社更生法の申請をして倒産しました。

なお、現金及び預金の残高は、つぎのように推移しており、平成一九年三月期の期末においては、極端な資金不足に陥ったことがわかります。

平成一六年三月期　一五九億円
平成一七年三月期　一四七億円（前期より一二億円減少）
平成一八年三月期　一三八億円（前期より　九億円減少）
平成一九年三月期　四〇億円（前期より九八億円減少）

こうして、N社の決算書を読む限りにおいては、つぎの点において、特異な会社であったといえます。

たいていの場合、顧客は最大の資金提供者であることが多いが、N社の場合、その顧客が最大の債権者でもあった。
そのため、顧客とのトラブルが頻発したことは、それ自体が致命傷であった。

N社の決算書は、前章までのT社とは反対に、苦境に陥った会社の例として取り上げてみた書類でした。

それにしても、どうして、N社は、たくさん抱えていた顧客とのトラブルを解消しないうちに、急激に店舗を増やすような行動をとってしまったのでしょうか。N社の経営姿勢にも問題がなかったのかなどと、いろいろと考えさせられます。

会社の倒産は、それに係わる人々が犠牲になるという酷い事態を伴います。債権者は債権を踏み倒され、従業員は職を失い、株主は、出資したお金を失います。

筆者は、「会社というのは、それに係わる人々の生活と自己実現の道具にすぎない」という見方をしています。また、「経営というのは、人間が相寄って、人間の幸せのために行なう活動である」と見ております。そのような観点から見ても、倒産というのは、その会社に係わったほとんどすべての人々が不幸になるという点で、企業社会に起こる最大の悲劇です。よっぽど狡猾《こうかつ》な人は別でしょうが、倒産した会社に係わったすべての人間が、犠牲者になってしまいます。

これはN社に限ったことではありませんが、倒産する会社では、債権者（銀行、仕入先、外注先、従業員など）と株主などが大きな犠牲者になります。それだけでなく、末期の会社の内部も大きな苦境に直面し、経営者や管理職者、従業員なども相当に懊悩《おうのう》するものです。

筆者は、倒産した会社の決算書を読むときには、会社経営の厳しさと、その会社に係わった人々の苦悩が伝わってくるような気持ちになります。なぜ倒産したかの原因を考えさせられるという点で、倒産した会社の決算書は、会社経営の勉強材料や教訓を提供してくれることがあります。

〔付記〕余談ながら、会社更生法の申請のあと、N社は、新しいスポンサーによって支援され、新しい経営陣のもとで再出発をしました。もともと英会話スクールとして、N社には抜群の知名度がありました。新しいスポンサーは、まったくゼロの状態から新規に英会話スクールビジネスを展開するよりも、N社の知名度と残された経営資源を消滅させずに活用したほうが英会話スクールの経営がうまくゆくと、判断したにちがいありません。この事例のN社は倒産しましたが、そこには優れた経営資源があったからこそ、会社更生法の申請後に、支援者が現れたのだと思われます。

むすび

この事例では、N社の決算書の枝葉末節には踏み込まずに、損益計算書と貸借対照表の主要項目のみに着目してその姿を探りました。

たとえば、損益計算書では、売上高と営業利益という基本項目に着目しました。そこには、売上が増加したのに営業利益が減少するという特殊な変化があったので、販売費及び一般管理費の細目を分析してみました。

また、貸借対照表では、その金額が一〇〇億円を超える項目のみをとりあげました。

このように、この分析では、主要項目のみをとりあげ、ほかの瑣末な項目を一切無視しましたが、それでも、十分に、N社の姿を捉えることができました。

このように、**決算書というのは、その全部を読むのではなく、重要なポイントとなる箇所のみを見て、ほかの部分を割愛して読むのが正しい利用方法です。この場合、重要ポイントであるかどうかは、金額が大きいか小さいかで判断できます。**

たくさんの勘定科目が羅列されている決算書も、その細部にわからない勘定科目があったとしても、その金額が大きくない限りは、気にする必要がありません。

決算書というのは、全部わかったうえで読むのではなく、部分的にわからないことがあっても、基本となる五つの要素（資産、費用、負債、資本、収益）と、各種の利益概念（営業利益など）を知っておけば、十分に読みこなせる書類です。けっして、膨大な会計知識をすべて理解する必要はないのです。

また、N社の決算書については、一期だけでなく四期分を比較しました。このように、**決算書というのは、つねに比較しながら読んでゆくのが望ましいのです。**

筆者自身、公認会計士・税理士の仕事に従事しながらも、（決算書を読むことは、作るよりもはるかにおもしろいし、ためになる）と考えております。

これは当たり前のことです。決算書というのは、誰かに読ませるために作られるのであって、読み手を満足させるために、作り手は決算書を作るのです。そのため、決算書の作り手が読み手よりも楽しいなどということはありません。

読み手の立場で決算書に接することは、作り手の立場で決算書に接するよりも、数倍おもしろく楽しいものです。

また、近い将来に予定されている国際財務報告基準（ＩＦＲＳ）の適用なども、目下、決算書の作り手である経理マンや公認会計士にとっては重要課題ではあるものの、決算書の読み手にたいしては、課題ではなく利便性をもたらすものです。

筆者は、ＩＦＲＳが世界中で導入されることにより、会社どうしの決算書の比較が世界的に容易になり、決算書の利便性が高まると信じております。

読者の皆さんにも、これを機に、興味のある会社の決算書を読まれることをお勧めします。その会社は、自分が現在勤務している会社でもいいですし、そのライバル企業でも結構です。また、自分が株主になっている会社でもいいですし、これから株主になろうとする会社でも結構です。就職活動をしている学生さんであれば、これから就職活動をしようとする会社の決算書を読んでもいいと思います。

とにかく、決算書に書かれてある不必要に難解な用語に振り回されず、本書で紹介した主要ポイントを中心に、いろいろな会社の姿を捉えてみてください。

現代社会は企業社会です。人間は、たくさんの会社と係わりながら生活をしています。その会社の姿を捉えることができるということは、この複雑化した経済社会を生き抜いてゆくうえでの必須能力の一つでもあります。

会計の専門書は、読者が最後のページまで読破できないのがふつうです。本書を購入された読者の皆さんが、このページまでお読みくださったのであれば、筆者にとりましてもうれしい限りであります。

あとがき

筆者は本書において、企業会計の枝葉末節に関する説明をできる限り省き、核心部分のみを説明しました。

ところで、現在、日本の会社の大半の決算書は、日本の会計基準にもとづいて作成されております。そのため、筆者が本書で述べた内容も、本書が刊行される西暦二〇一〇年一月の時点における日本の会計基準にもとづいております。

ところが、会計基準については、日本においても、今後は従来の日本の会計基準に代えて国際財務報告基準が導入されることが予定されています。

この国際財務報告基準は、英語では、International Financial Reporting Standardsといい、頭文字をとってＩＦＲＳと呼称されています。

グローバル化した今日の国際経済社会では、会社の決算書は、各々の国が独自に定めた会計基準に準拠して作成されるよりも、国際間で統一された会計基準を一つ設けて、世界中の会社がこれに準拠したほうが望ましいといわれるようになりました。国際財務報告基準（ＩＦＲＳ）は、このような理念により整備されてきました。

げんに、ヨーロッパ諸国では、すでにＩＦＲＳが強制適用されており、アジア、オセアニア、アフリカの諸国でもたくさんの国々がＩＦＲＳに移行しております。

主要国のなかでは、日本とアメリカなどが、相変わらず自国の会計基準を採用しております。とはいえ、それらの国々も、近い将来にＩＦＲＳに移行することが予定されています。

もし、ＩＦＲＳが全面的に導入されると、決算書は、その作成方法のみならず、表示形式までもが、大幅に変更されます。

本書はＩＦＲＳの解説書ではありませんので、その詳細な説明を省きました。が、たとえば、筆者が本文で「欺瞞に満ちているので重視しない」と述べた「経常利益」は、ＩＦＲＳのもとでは表示されなくなります。

また、貸借対照表と損益計算書の名称も変更され、それぞれ、「財政状態計算書」と「包括利益計算書」という名称が使われます。

とはいえ、読者の皆さんは、けっしてこのような変化に動じる必要はありません。

本書では、試算表を構成する五つの基本項目（負債、資本、収益、資産、費用）とその相互関係をお話ししました。本書で述べた、決算書の本質的な部分は、ＩＦＲＳであろうと、現行の日本の会計基準であろうと、不変なのです。

ですから、これさえ押さえておけば、枝葉末節がどんなに変更されたとしても、決算書はけっしてむずかしくありません。

また、年に一度、上と下で切り離した試算表の上の部分（資産、負債、資本）が、事業年度末の会社の財政状態を示すことにも変わりありません。切り離された試算表の下の部分（収益、費用）が、一年間にいくら儲けたのかを表示することにも変化がありません。変わるのは、その名称、細目、表示形式だけです。

ですから、本書で筆者が説明した内容は、ＩＦＲＳが導入されたとしても、そのまま活用できるものがほとんどです。

ところで、なぜ自国の会計基準に代わってＩＦＲＳを導入することが必要になってきたのでしょうか。

その背景には、もちろん経済のグローバル化がありますが、もっと直接的な理由としては、一九九〇年代後半に生じたアジアの金融危機が挙げられます。

当時、すでに国際経済社会には、グローバル化の波が押し寄せておりました。

ところが、一九九七年には、タイ、韓国、インドネシア、マレーシアなどの国々で金融機関や大会社がたくさん破綻しました。この年には、日本でも、山一証券、北海道拓殖銀行、日産生命が破綻しています。

当時、破綻したアジアの会社の決算書は、それぞれの国の会計基準にもとづいて作成されていました。しかし、それらの決算書の多くは、破綻する直前まで、会社経営が危機的な状態にあることを表示していませんでした。そのため、各社の決算書データにもとづいて株式や社債などの金融商品を購入した外国の投資家が大損害を蒙《こうむ》ったのです。

いっぽう、経済的な混乱によって、それらの国々の債券価格とアジア通貨が暴落し、金利が急騰し、経済が壊滅的な打撃をうけて、失業も増大しました。

そのあと、投資家の多くはアジア諸国の決算書を投資の判断材料にすることに強い拒否反応を示すようになりました。同時に、これらの国々の会計基準は国際社会では信用されなくなり、ムーディーズやS&P社などの社債の格付け機関は、アジアの債券の評価を軒並みに格下げしたのです。このように、一連のアジアの金融危機、通貨危機は、世界中の投資家たちにもアジア経済にも、大きな打撃を与えました。

このとき、各国がバラバラに会計基準を設けるよりも、みなが協力をして、統一的で優れた会計基準を構築し、これをグローバルな資本市場の社会基盤にすべきだという考えが、世界じゅうの会計の専門家、投資家、経営者の間でいっそう強まってきたのです。

これが、IFRSを国際社会に定着させる大きな契機となりました。国際会計基準は、それ以前より存在していましたが、このアジアの金融危機によって、IFRSを国際社会に定着させようという意見が、専門家たちの間で大勢を占めるようになったのです。

このような国際社会の潮流により、現在、大半の国々がIFRSに移行していますが、日本もその例外ではありません。ゆくゆくは（おそらく二〇一五年か二〇一六年）少なくともすべての上場会社にIFRSが強制適用されることが予定されています。


しかし、何度もくりかえしますが、たとえ会計基準がIFRSに移行しても、試算表を構成する五つの基本項目（負債、資本、収益、資産、費用）とその関係は一切変わりません。

また、試算表は年に一度、上と下で切り離され、上の半分（資産、負債、資本）は会社の財政状態を示し、下の半分（収益、費用）は会社がいくら儲けたのかを示すことも、一切変わることがありません。

IFRSの導入によって変わるのは、その細目と表示形式です。しかしそれらは、決算書の作成者が対応することであって、読み手は、ことさらこれを難しく考える必要はありません。

ですから、会計基準の細かいことがわからなくても、本書で述べた基本的な部分を忘れなければ、決算書はけっしてむずかしくありません。

現代の企業社会では、人間はたくさんの会社とかかわりながら生活をしています。筆者は、決算書によって会社の姿（経営状態の良否）を捉えることはとても重要な事柄だと考えております。読者の皆さんが、本書で述べた「減点主義ではなく加点主義」によって興味のある会社の決算書を読まれ、実り豊かな経済生活を営んでゆかれることを、筆者は希望します。

最後になりましたが、ここまで本書をお読みくださった皆さんに感謝します。ありがとうございました。

平成二二年一月

前川修満

講談社現代新書　2036

決《けつ》算《さん》書《しょ》はここだけ読《よ》め！

二〇一〇年一月二〇日第一刷発行　二〇二四年四月二日第一三刷発行

著者　前《まえ》川《かわ》修《おさ》満《みつ》　

発行者　森田浩章

発行所　株式会社講談社
東京都文京区音羽二丁目一二―二一　郵便番号一一二―八〇〇一
電話　〇三―五三九五―三五二一　編集（現代新書）
〇三―五三九五―四四一五　販売
〇三―五三九五―三六一五　業務

装幀者　中島英樹

印刷所　株式会社ＫＰＳプロダクツ

製本所　株式会社ＫＰＳプロダクツ

定価はカバーに表示してあります　Printed in Japan

N.D.C.336.9　206p　18cm
ISBN978-4-06-288036-7

「講談社現代新書」の刊行にあたって

教養は万人が身をもって養い創造すべきものであって、一部の専門家の占有物として、ただ一方的に人々の手もとに配布され伝達されうるものではありません。

しかし、不幸にしてわが国の現状では、教養の重要な養いとなるべき書物は、ほとんど講壇からの天下りや単なる解説に終始し、知識技術を真剣に希求する青少年・学生・一般民衆の根本的な疑問や興味は、けっして十分に答えられ、解きほぐされ、手引きされることがありません。万人の内奥から発した真正の教養への芽ばえが、こうして放置され、むなしく滅びさる運命にゆだねられているのです。

このことは、中・高校だけで教育をおわる人々の成長をはばんでいるだけでなく、大学に進んだり、インテリと目されたりする人々の精神力の健康さえもむしばみ、わが国の文化の実質をまことに脆弱なものにしています。単なる博識以上の根強い思索力・判断力、および確かな技術にささえられた教養を必要とする日本の将来にとって、これは真剣に憂慮されなければならない事態であるといわなければなりません。

わたしたちの「講談社現代新書」は、この事態の克服を意図して計画されたものです。これによってわたしたちは、講壇からの天下りでもなく、単なる解説書でもない、もっぱら万人の魂に生ずる初発的かつ根本的な問題をとらえ、掘り起こし、手引きし、しかも最新の知識への展望を万人に確立させる書物を、新しく世の中に送り出したいと念願しています。

わたしたちは、創業以来民衆を対象とする啓蒙の仕事に専心してきた講談社にとって、これこそもっともふさわしい課題であり、伝統ある出版社としての義務でもあると考えているのです。

一九六四年四月　野間省一